Georgi Panayotov

DUHOVNIYAT RENESANS
Y
BALGARSKATA IDEYA

Първо издание – Lulu.com – 2014

ISBN 978-1-291-90431-4

Георги Панайотов

ДУХОВНИЯТ РЕНЕСАНС

и

БЪЛГАРСКАТА ИДЕЯ

БОГОМИЛСКАТА КАУЗА НА ПРЕХОДА

Посвещавам на българите
        и *вечните богомили*
от всички краища по света.

Авторът

ДУХОВНИЯТ РЕНЕСАНС
и
БЪЛГАРСКАТА ИДЕЯ

Ренесансът е първото зазоряване на Новата епоха в лоното на Средновековната нощ, приютила като последен пристан народите. Великото преселение на народите бе всъщност последното кардинално Прераждане на народите в историческото им шествие от Изток на Запад, сиреч възвръщането им към праначалните извори, с преоткриването на Атлантските и Лемурийските архетипи. Самото Възраждане, за което толкова се говори от няколко века насам, е сложен Земно-Космически процес на *преображение* във връзка с напреднали цивилизации и досега с висши паралелни светове.

След Юдео-езическия Старозаветен период това е раждането на новата Християнска цивилизация, която е под знака на *духовността* и Хуманизма и Просвещението, устремена към всемирните основи на Битието. И тъкмо Средните векове бяха оная мъртва точка на границата между два свята и две големи Космически Ери, оспорващи си Земната планета и Слънчевата ни система като цяло. По начало *духовното* е понятие от Космична величина и когато говорим за духовност и духовен живот, ние винаги излизаме от границите на сетивно-физическия свят и навлизаме в необятните простори на Космоса, който за нас е синоним на Битието, а също и на Вечността. И Космичното човечество предшествува Земното човечество, за което ни свидетелства хрониката *Акаша* и всички откровения на Посветените, сиреч духовно издигнатите личности.

От XX век започна голямата Духовна вълна на Прехода с явлението на духовни Учители и Посветени от най-висш ранг, между които се откроиха Рудолф Щайнер, основателят на *Ан-*

тропософската Духовна наука, и Петър Дънов (Беинса Дуно), обнародвал учението за *Всемирното Бяло Братство* в България. Този Преход се свързва астрологически с *епохата на Водолея*, призвана да одухотвори Земното човечество и преобрази коренно Земята, превръщайки я в бленувания от много поколения *Земен Рай*.

И това е Борбата, която се води от памтивека между полярностите на Духа и Материята, Доброто и Злото, Битието и Бездната, а в чисто човешки план – борбата за безсмъртие и обожествяване и постигане на абсолютното съвършенство, чийто образец е Иисус Христос... Да, това е вечната героика на Духовното ставане, което е грандиозната игра на Еволюцията – постоянният прираст на Битието от Бездната и несекващото тържество на *Първичната Светлина*, наречена БОГ... Затова е казано, че Красотата е най-висшата цел на световете и населяващите ги разумни същества – тъй наречените Йерархии... Тъй като Вселените и цялото Мироздание са изградени на Йерархически принцип, съществуват степени на съвършенство и духовна сила и космично могъщество, присъщи на по-старите Същества от Вълните на Живота, които периодически излизат от Първичната, *Несътворена Светлина*, чиято тайна остава вечно неразгадана и непостижима.

Последната Вълна на Живота роди *Космическия Човек*, наречен още Космичния Адам или Адам Кадмон (в Талмуда), който е класическият Човеко-Бог на езичеството. И древното поверие, че „боговете някога са били хора", стои в основата и на съвременния окултизъм, и на езотеричното Християнство, което всъщност е възраждане на Богомилството и ученията на първите християни, предадени в *Седемте Църкви* от Откровението.

С *Космическия Човек* е свързана и легендата за цар Луцифер и неговото отстъпление от висшите Духовни светове на първите Богове и Космични строители. Материалната (физическата) Вселена е под неговото владичество най-общо казано, въпреки че съществуват много самостоятелни управления на различните планети от Третото и Четвъртото измерение.

Според Антропософската доктрина на Р. Щайнер, 7 ЕОНА са под знака на *Космическия Човек*, т.е. седем превъплъщения на Космоса преминават като Вълни на Живота, докато се извърши големият Прираст на Битието – същинската цел на Мировата Еволюция, която е процес на тотално одухотворяване и възвръщане на световете към *Първичната Божествена Светлина*, наричана още **Вечност** или **Царство Божие**.

Така от мрака на Средновековието и църковните догми изплува Зората на Възраждането и Просвещението, която възвести Изгрева на новата Духовна епоха на Земята, наречена още *Златен век*. Много човешки поколения и безчет прераждащи се хора са копнели за този Земен рай на мира, щастието, свободата, творчеството и красотата – идеалната хармония между Природата и Космоса, постигната от Човечеството.

Сега се говори много за Прехода и се пишат цели книги, посветени на „еволюционния скок" и „квантовия скок" и така наречената *епоха на Водолея*, която е призвана да преобрази коренно Земята чрез одухотвореното Земно човечество. Това е процес на Културна революция с изграждането на съвършено нов тип цивилизация, за която са мечтали деди и прадеди, а и немалка част от днешните „живи".

Живеем в период на големи социални промени и грандиозни материално-битови трансформации. Преобръщат се световете на бавното историческо време, известно като *Тамас* или Железен век (Калиюга). По ускорението на събитията и непредсказуемостта на промените разбираме, че действително участваме в един глобален спектакъл със сложен сценарий и изпълняваме своите земни роли с по-малък или по-голям успех, а нерядко и с трагическия патос на провала.

Има, разбира се, едно огромно мнозинство хора, които са заслепени от материализъм и църковно-религиозни суеверия и нямат верен усет за Духа и духовното – липсва им проникновение и вътрешно зрение и онова, което наричаме интуиция или „поетическа душа". Тези хора образуват една критична маса, позната под името Болшевизъм, и дърпат всячески процесите в другото русло – технико-индустриалното, с разпалването на антагонизма, вечните раздори и войни, насилия и геноциди, предизвиквайки с нова сила природните бедствия и катаклизми.

В тази сложна обстановка се засилва и миграцията на хора, постоянният приток на емигранти, бежанци, туристи или просто търсещи щастието си... И от друга страна, имаме големите Духовни движения и Езотерични учения, разкриващи същината на Земно-Космическата драма. Това е Посвещението като лично дело и път на самия Земен човек, доколкото съумява да израсте духовно и стане Космически Човек, сиреч *Съвършен*... Което ставане е пак във връзка с конкретни прераждания и възкресения и възнесения, т.е. минаване през различни светове и цивилизации...

В едър план настоящият Космос е Четвъртият ЕОН, за който се разказва и в библейския Шестоднев – алегоричното повествование на Мойсей. В него се казва дословно, че през Четвъртия ДЕН[1] на Сътворението Господ Бог създал Слънцето, Луната и Звездите, което съответства на образуването на нашата Галактика *Млечен път* и Зодиакалния *Звезден куп* – същински дом на *Космическия Човек* или еволюиращото Човечество изобщо.

Следователно нашето Слънце е една вторична, подчинена Звезда и Звездна система, което обаче е от по-старите и еволюиращи Звезди, призвано да се превърне в Зодиак (както твърди и Р. Щайнер). А това е предвидено да стане през след-

---

[1] Библейският символ ДЕН не е идентичен с Гностическия ЕОН, а по-скоро се включва в него, тъй че трябва да се разбира като една Космическа епоха или Седмѝчен период в рамките на ЕОНА.

ващите ЕОНИ, наречени *Бъдещият Юпитер, Бъдещата Венера* и *Вулкан* (пак според Щайнеровата космология), които са под знака на *Космическия Човек*, но се осъществяват чрез Христовия импулс и Богочовека Иисус Христос, избрал Земната планета за център на Космическата драма – онази Духовна трансформация и планетно-звездна алхимия, известна още като Мистерията на Голгота... И този избор е обусловен всъщност от потъването на Земята в Бездната поради нашествието на Луциферите и Ариманите, олицетворяващи Сатаната и Инволюционния космически принцип на тъй наречените Черни слънца или Черни дупки...

Впрочем съвременните окултисти твърдят, че Христос е пратеник на централното Галактическо Слънце, *Алфиола*, чието Човечество е най-висшето в нашата Галактика и ръководи директно от името на Божия Промисъл, сиреч пряко свързано е с *Първичната Светлина* на Първоизвора или с най-висшия *Дух на всеединството*. В книгата „*Откровение" То* е олицетворено от *24-те Старци*, които са водачите на Космическите епохи и ЕОНИ-те, тъй че всяка една Космическа епоха излъчва по един *Старец* или Старейшина на Времето, олицетворяващ *Космическия Човек* в неговото съвършенство. Защо са точно 24 на брой?... Тъй като досега са изминали приблизително Три ЕОНА и половина от предначертаните 7 ЕОНА, и значи предстоят да се издигнат още 25 Старци през следващите Космически епохи – общо 49 на брой...

Това е същинската Мирова Еволюция, известна още като *Космогония* и *Есхатология*, но съществува и паралелно Инволюиращо човечество, което също предхожда Земното човечество и се отъждествява с тъй наречените Тъмни космически цивилизации. Те проникват открай време в нашата Слънчева система и имат свои седалища на всичките планети и спътници, като особено силно е присъствието им на Сатурн, Марс, Земята и Луната. Отнесено към Земята, този инволюционен стадий понастоящем е известен като *Калиюга* (Тъмната епоха) в Староиндийския епос, а в Елинизма съответства на *Желез-ния век*... И това е господството на Луциферите и Ариманите, тласкащи с всички сили Земната планета към Бездната...

С идването на Христос обаче започна същинският Земен ЕОН, с духовното преобразяване на Земята и съединяването й със Слънцето, което през Седмия ЕОН (*Вулкан*) ще еволюира в Зодиак, с възтържествуването на Космичното Богочовечество (*Новия Йерусалим*).

В най-новата езотерична литература се говори за Космич-ните измерения, съответстващи на различните сфери и енер-гийни нива (вибрации на Светлината), които са кодове и жиз-нена субстанция на отделните светове от целокупния Космос. Също за Преходите на тези светове от едно Измерение в дру-го посредством Човешките цивилизации, осъществяващи Еволюционния процес. Възприето е, че първите Три измере-ния обхващат физическите светове с преобладаващ материа-листически статут, каквато е понастоящем и Земната планета. Ала чрез Христовия импулс и така наречената Християнска цивилизация[1] тя е в ускорен *Преход* към Четвъртото и Петото измерение, които са свръхфизически сфери и олицетворяват Духовното битие – постигнатите степени на съвършенство от земните хора. Като Четвъртото измерение съответства всъщ-ност на Възкресението, а Петото – на Възнесението...

Есхатологията е учението за края на Времето и по-кон-кретно на Физическата Вселена, с ликвидирането на гъстата материя и превръщането на всяка плътна субстанция в Ду-

---

[1] Етимологически, в Славянския контекст, думата *цивилизация* се свързва предимно с материалистическата инволюционна тенденция – докато съ-щинската Духовна еволюция се олицетворява от думата **Култура**... В съвременната езотерика обаче е възприето Цивилизацията да олицетво-рява цяла една Земна раса, включваща в себе си отделните Култури – 7 на брой...

ховен първообраз. Есхатологична например е Божествената поема *Бхагават Гита* от Староиндийския епос, ала класическата Есхатология започва всъщност от книгата *Откровение*, която е Християнското Посвещение за съдбата на Земята и Космоса – представя пълния сценарий на Земния ЕОН и преминаването към следващия ЕОН под знака на *Новия Йерусалим*. Такива Посветени през Средновековието бяха Богомилите, наричани още „българи“, а също и – „небесни жители“. Известни са техните духовни подвизи и борби с господстващата върхушка за Просвещение и Възраждане на народите, държани в религиозно невежество и оплетени в Църковно-теократическия лабиринт.

Наистина Богомилството е първата голяма крачка на Възраждането или Духовния Ренесанс, чийто подвижници са Европейските народи. Неслучайно Средновековието си остава сакралната епоха на нашата цивилизация – един вид *златно сечение* на Петата раса или Следатлантското човечество – когато се извърши Великото преселение на народите, призвани да усвоят Християнството и го приложат на дело в социалния живот. Това е сложен процес на Прераждане и Възраждане на народите, който в Библията е предаден чрез обособяването на „12-те Израилеви племена“ (*Битие* 49 гл. и *Откровение* 7 гл.). Затова Европа всячески се връща към тези исторически извори, като и Реформацията, и Просвещението, и Техническият прогрес на *Новото време* минаваха за Християнски и във висша степен Хуманистични. Дори Болшевизмът на ХХ-я век изповядваше подсъзнателно Християнския идеал. Дотам, че и такъв един руски философ като Николай Бердяев написа в изгнание, в Германия, прочутата си книжка „*Новото Средновековие*“, пророчествувайки по руски и славянски идването на новата Духовна епоха, с център отново Европейския континент... И цялата история на Европейските народи е една удивителна Културна драма за съдбата на цивилизацията, изпълнена с големи духовни борби и политически превратности и социални катаклизми, каквито историята не познава отпреди Христа.

И ако всеки един народ има своята специфична духовна мисия и играе определена културна роля, особено утвърдените през Средните векове Европейски нации, то без съмнение Богомилството е израз на автентичната *Българска Идея* в хòра на Европейското семейство. Това се осъзнава с нова сила през XX-я век, в условията на атеистичния Болшевизъм и свръх-материалистичния Глобализъм, сиреч изграждането на *Великия Вавилон* (от книгата *Откровение*).

За влиянието на Богомилите през Средните векове и бързото разпространение на Богомилството в цяла Европа има предостатъчно исторически данни и културни свидетелства, които все отново и отново се актуализират и преоценяват от учените, философите и езотериците, а писателите и поетите пресъздават в художествената литература. Тъй като се оказва, че тъкмо *Богомилството* е сърцевината на Реформацията и Просвещението, а най-вече на Духовното Възраждане на народите, което няма нищо общо с религиозните догми и теокрацията, но се осъществява на съвършено свободни духовни начала, по един изцяло мирен, хуманен път.

Такива *герои* в смисъла на Църквите (от Откровението) и на Посланията на апостол Павел, бяха именно Богомилите, наричани изобщо „българи" или „бугри" по онова време, когато са се изковавали големите Християнски идеали и са процъфтявали „Гениите на езиците" сред европейските народи. Неслучайно Богомилската епоха е и Българският *Златен век* на книжовността и Духовната култура, и после самият Духовен учител на българите Петър Дънов (Беинса Дуно) казва, че учението за *Бялото Братство* е продължение на Богомилството и с него се увенчава този Златен век на българите, който, по думите му, изтича с XX-я век, а от XXI-я век Златната щафета се подема от Русия, главния стожер на Славянството.

И това е дълбоката приемственост между Европейските народи, сред които Славянските излизат на преден план и започват да играят водеща роля в смисъла на Новата Култура (през епохата на Водолея) и в духа на църквата *Филаделфия* (от *Откровението*), която е и *Преходът* към Шестата раса[1].

Впрочем днес Духовната наука се свързва предимно и найвече с окултните учения и езотеричните послания, транслирани от съвременните медиуми, чиято вълна е особено силна в Славянския свят. И от XX век се наблюдава същински окултен бум и възход на езотеричното Християнство – паралелно на индустриалния бум на научно-техническия Прогрес, който е под влиянието на Луциферите и Ариманите... Това усложни неимоверно Културното развитие на цивилизацията и изостри до краен предел историческите противоречия. Говори се все по-осъзнато и радикално за *Време Разделно* – едно понятие, прокарано за пръв път в Европа от квакера Томас Пейн през XVIII век... Стигна се и до космологичното му осмисляне във връзка с най-новите астрономически и астрофизични открития. Така че съвременната духовност (и така наречената модерност) е под знака на Космогонията и има изключително космологичен характер, с разцвет на Космологичните идеи, прокарвани и в научната фантастика, и в художествената литература. Окултното, научното и религиозното познание се сливат на принципа на *синтеза*, за да се родят нови и нови Идеи и Духовни понятия в книжовната лексика и в обикновената разговорна реч. Това е раждането на *Духът Себе* (в смисъла на Антропософията) или на Свръхсъзнанието у самия Земен човек.

Известно още като Посвещение, това Съзнание е едно състояние на пълна будност, при което човек отключва всичките

---

[1] За този Преход се говори много в езотеричната литература, като *Шестата раса* е тъкмо Шестата Космическа епоха на Земния ЕОН, за която подробни данни и информация от Акашовата Хроника дава и Антропософията (виж напр. „*Апокалипсисът на Йоан*" от Р. Щайнер).

си духовни центрове и сетива, възприемайки цялата реалност на Битието (Вселената), а не само ограничения земно-физически свят. Оттам и способността да избира от много възможности, сиреч вечната идея за Свободата. Не само свобода на придвижването и пребиваването в най-различни светове и измерения, но и свобода творческа, съзидателна, която е присъща на Боговете.

В широкия културен смисъл такова Съзнание в наше време е присъщо на поетите и Поезията открай време е сърцевина на Духовното и Духовността, като синтезира в себе си и научното, и художественото, и най-висшата мистика. Изобщо Поезията е синоним на Човечността в най-висшия смисъл на думата. И „Геният на езика" се разкрива поетически в книжовната и в разговорната реч, тъй щото става Извор на духовните дарби и безкрайните творчески идеи. Така и Народонационалните Идеи се основават на този *Гений*, който винаги се стреми към Възраждане, сиреч преобразяване на този свят и на целия Космос. Понеже всеки един народ има своя изначален ген и духовен първообраз в космичен план и във връзка с Космичното човечество, то и специфичният географски избор на местопребиваване на Земята следва всъщност космическата перспектива и се основава на Космогонията. Типичен пример е Еврейският народ, който през цялото си историческо развитие се ръководи от идеята за Обетованата земя и доктрината на *12-те Израилеви племена* във връзка със Зодиакалните знаци, чиято еманация бяха и 12-те Христови апостоли.

Поезията тепърва ще се възражда и дава своите гениални шедьоври, и неслучайно тя е тъй силно развита в славянските езици, основаващи се на Кирилицата. У нас този поетически бум върви още от националното ни Възраждане през XVIII и XIX век, и дори в епохата на Соцреализма даваше своите плодове, като тъкмо поетите бяха най-свободните и разкрепостени личности, съумяващи да изразят вечните истини и естеството на сакралната *Българска Идея*... А тя е с много древен произход и има конкретни космически измерения във връзка с планетата Венера и цивилизацията на Венера, предшестваща Земните цивилизации и основала праначалната Земна раса, известна още като Поларианска... И тъй наречените *Галактически българи* са участвували в създаването на всички следващи цивилизации и култури, предавайки специфичния характер на Венера и усъвършенствайки типичния Български ген[1].

Такива *вечни българи* и съвършени християни бяха именно Богомилите, които през Средновековието утвърдиха *Българската Идея* и дадоха могъщ тласък на Европейския Ренесанс, сиреч същинското Възраждане на народите. И неслучайно тяхното дело е съхранено в прочутите из цяла Европа Богомилски приказки и легенди[2]. В тях е предадена образно цялата *космология* и *есхатология*, достъпна за съзнанието на средновековния човек, което е повече мистично и фантазно, отколкото познавателно и интелектуално. Затова и **есхатологията** е доминирала със силен уклон към дуализъм и крайни форми на религиозен фанатизъм. По съществото си тя е била старозаветна и юдаистична, с налагане на теокрацията и репресивните политически структури. Нещо, което е благоприятствало инволюционната тенденция и е било в разрез с истинското Християнство на първите свободни църкви, преди

---

[1] Данните са от Хрониката Акаша, публикувани в книгата ЛОТОС БЯЛ Е ТВОЯТА ДУША на Багрина Кларк, в гл. *Ролята на Българската Душа*.

[2] Наскоро излезе Първата част на КАТАРСКОТО БОГОМИЛСКО ХРИСТИЯНСТВО от Мишел Муние, в която книга се проследява детайлно шествието на Богомилството в Европа и главно във Франция, където се съсредоточава ядрото на Богомилското учение. Авторът предлага много оригинални Богомилски приказки и легенди, в разни версии на езиците, а също и преоценка на историческото (Средновековно) Християнство.

поримчването при императора Константин I, който е бил всъщност гонител на християните и ловък демагог.

Догмите, изковани на внушителните Църковни събори, обслужвали единствено светската власт, утвърждавали привилегиите на елитите и върхушките, и в крайна сметка замразили духовния живот, като дали силен тласък на материализма. През цялото Средновековие се е водила борба какъв тип цивилизация да се утвърди – технократична, с инвазия на агресивните извънземни – или хуманистична, с разцвет на Христологията и Космологията. Тази Борба продължава и през Ренесансовата епоха, и през Новото време, в епохата на Реформацията и Просвещението, с големите Социални и политически идеи; тя доведе и до Болшевизма през XX-я век, когато се установи индустриалният монопол и утвърди капиталистическата върхушка, така наречената олигархия.

Надмощието на материализма обаче или мнимата победа на атеизма върви паралелно на Духовния Ренесанс и през всичките векове е било живо Християнското чувство и се е култивирало Христовото Съзнание, преминавайки през много изпитания и обрати, идейни спорове и противоречия.

Всъщност главният спор се води между Есхатологията и Космологията, от който произтичат всички останали – например между юдейството и езичеството през древността, между ортодоксията и ересите през Средновековието, между религията и окултизма в най-ново време, разпалил с нова сила антагонизмите и задълбочил противоречията между Духа и материята, между геоцентризма и космогонията в съвременната наука[1]... Така и днес Есхатологията е главната характеристи-

---

[1] Най-голям интерес в това отношение представлява Щайнеровата Антропософия, която синтезира тези полярности и предлага един геоцентричен и космологичен модел едновременно, с Християнска еволюционна насоченост.

ка на религиозността и основа на догматическото богословие, докато Космологията олицетворява езотериката и приема все по-научен и познавателен облик, откривайки нови и нови светове и безпределни духовни пространства. Полетът на Човешкия дух е вече неудържим и не може да се затвори в някакви догми или тесногръди материалистически доктрини. Все повече хора стават реалисти и осъзнават необходимостта от съчетаване на религията с науката, на вярата със знанието – за едно по-пълно и всеобхватно виждане и възприемане на Битието и неговите Духовни същности (Божества). Затова и думата *Християнин* и самото понятие *Християнство* минават през една голяма трансформация и вътрешна преоценка от дълбините на Човешкото съзнание и Култура – нашата съвременна цивилизация е стигнала един праг, от който не може да се продължи нататък, ако не се направи *скок* и избере съвършено нов път на развитие и социално устройство... Стигнали сме до момент, когато Съзнанието определя битието, а не обратното. Което предполага и една небивала активност и нечувана решителност, дързост от страна на самите хора и отделните народи, призвани да осъществят великия Християнски идеал.

Но такива решителни хора и реалисти бяха още Богомилите, дали големия Духовен импулс на Европейската култура за излизане от средновековните дебри и феодалното блато. Бидейки „апостоли" и „съвършени" и „пратеници" свише, те първи можаха да съчетаят есхатологията с космологията, мистичното с научното, духовното със светското, религиозното с философското, църковното с народното – утвърждавайки едно истинско и неподправено Социално Християнство... В техните притчи, приказки и легенди се е отразил *Геният на езика* и Духовната мисия на народите, а в самите им общини или „еклезии" (от латински) се е разгърнал свободният духовен живот и братските взаимоотношения и трудовия стопански гений на Възраждането. Неслучайно катарите в Италия и Южна Франция са носели още прозвището „тъкачи". Свободните занаяти са процъфтявали тъкмо в Богомилските общини и задруги, и целият стопански подем на Ренесанса е носел почерка на Богомилството, както отбелязва изрично Мишел Муние в забележителния си труд за *Катарското Богомилско Християнство* (Изд. ХРИКЕР и ИК „Виделина", 2013 г.).

Нещо много по-важно от йерархия, правила и обреди (които съществуват в реформистката монашеска концепция за църквата), а и най-същественото, е хората да намират искрени приятели в групи, където едни от тях работят сплотено за духовния напредък на всички останали. Ето тази нагласа проличава ясно в *Лионския требник:* в такива групи всички вземат непринудено участие – слушане на поучителни беседи, изнасяни от по-извисените в духовността, колективни молитви и общи трапези. Такива гостоприемни „домове", където всеки може да намери сериозен повод за размисъл, са били с отворени врати най-малкото по време на различните видове служби или проповеди, а може би и в производствени работилници, тъкачници, шивални, сарачници... за вярващи и християни, където са идвали и работливи хора от селата и паланките.

Много по-съществено е било тези места да се изграждат като средища на Любовта и на свободата, която тази Любов изисква, откъдето любовта ще се разпространява като лъч в средновековния свят, като средища за култура и обмен, за интелектуална и материална дейност, а и за приемане на нови хора. Средища с интензивен живот. В една българска приказка се казва:

Бог е дал на българите една-единствена добродетел – работата. И богомилите също работят. Заемат се с всякакви видове работа: тъкачество, където са били блестящи, шивачество, сарачество, земеделие – градинарство и овощарство, мелничарство, дърводелство, изработване на сечива и машини – мелачки и преси за грозде, направа на скеле за зидария, билкарство, лечителство... По този начин всеки сам е осигурявал икономическата си независимост, тъй необходима и заемаща основно място в богомилската култура. Създават се истински Работилници – смесени, вече казахме, – отворени и за местната работна сила, като по този начин стават, освен производствени предприятия, и средища за контакти, за обучение, за изследвания и за запознаване с производствената техника, но също и центрове, където хората обменят мисли и идеи, дори и за „философски спорове“ за цялото население, тъй жадно за знания в малките градчета и селата. (Човечеството никога друг път, освен в тези мигове от историята, не е било тъй умно и образовано, в смисъла на една истинска култура – култура на размисъл и свобода!)

(из „*Катарското Богомилско Християнство*“,
част първа)

И нашето национално Възраждане от XVIII и XIX век е било под знака на Богомилството и преди всичко Богомилско утвърждаване на свободния земеделски и занаятчийски труд, когато в условията на Турската империя българите осъществяват истинско икономическо и *стопанско чудо*. Дотам, че са могли да възникнат в Българския вилает тъй наречените *градове-републики*, а в самия Цариград да се създаде най-голямата диаспора, *Българската*, която по официални данни наброявала 40 хил. души, а по неофициални достигала до 100 хиляди. На тази основа именно се разгръща и онзи всеобщ култ към Знанието и Просветата, с бум на литературата, изкуствата, журналистиката, училищната и читалищната дейност.

Знаем как този Възрожденски гений и подем бива пресечен от Капитализма и Болшевизма на ХХ-я век, с налагането на технократичния култ и индустриалния стандарт, и тласкането на народите в националистическото тресавище и военномилитаристичната психоза. Съответно се изгради и битието-двойник на *Великия Вавилон*, сиреч антиприродната и антихристиянска цивилизация, и се утвърди една хибридна Масова култура под знака на Глобализма, която всъщност е създаването на новата Болшевишка „земна раса" от войнствен и агресивен тип, предназначена за космически експерименти и колонизирането на планетите от Третото измерение...

Сега Борбата приема все по-радикален облик и придобива чертите на Богомилската кауза – сплотяването на „добрите хора" и християни от всички страни и народи – за най-решителния прелом в историята, с откриването на Космическата перспектива за Земното човечество.

Отново братската и безкористна Любов е призвана да осъществи този *Преход* не само на Културата, но и на Планетата като цяло. Природата отново става център и фокус на *Преображението* – Божията *Тайна вечеря* разкрива всичките си аспекти и цялата красота на Християнството. От Просвещението човечеството минава във фазата на Посвещението, сиреч израства в Богочовечество, с разгръщането на Духовните дарби и заложби у всеки човек. Неслучайно *съвършените* Богомили се наричали още „пратеници" и също „небесни жители". Те са прилагали на дело апостолството и заветите на Евангелието, тъй че хората сами да поемат пътя на Христа и реалното обожествяване.

Ако ще би Христос да се ражда хиляди пъти във Витлеем, не се ли роди в теб самия, ти си изгубен навеки! – казва поетът-мистик Ангелус Силезиус (Йохан Шефлер), който по Богомилски озарява най-романтичната епоха на Европейския Ренесанс.

А Богомилите, както неведнъж подчертава Мишел Муние, са утвърждавали Космическото достойнство на личността – отвъд всяка земна власт и светска принуда и религиозно владичество. Давали са утеха на скърбящите и по самарянски са подпомагали нуждаещите се, повдигали са духа на падналите и немощните.

Те посещават също и хора, изпаднали в затруднение, при необходимост ги приютяват в жилищата си. Няколко жени християнки, групирани по домове, са приемали други жени, пострадали от бруталността на съпрузите си, останали вдовици или изпаднали в бедност, те са им говорели за достойнството на жената или сами са посещавали мъжете им, за да подпомогнат семействата, като им изясняват новото достойнство на човека. Приемали са и някои самотни старци, търсещи приятелско отношение в тези места, където царят радостта, работата и мирът, въвеждали са младежи и девойки в нови умения и в културата – по този начин са ги подготвяли, понякога от твърде ранна възраст, по желание на ентусиазираните им родители или пред заплахата от войните, които неумолимо щяха да настъпят. Млади хора от селата са постъпвали на работа в „работилницата", където са печелели хляба си почтено, работейки сред тези добри и просветени хора. Казано накратко, тези домове са били средища

на най-оживена дейност, място за учение и съжител-
ство, където има смях и радост и съвсем свободно се
разменят най-извисени мисли и идеи.

(из „*Катарското Богомилско Християнство*“
– пак там)

Следователно духовният живот на Средновековието се е
основавал на народните начала и е имал преобладаващо фол-
клорен характер (митологичен), а не религиозен и институци-
онален, по догмите и каноните на елитарната църква. Основа-
вал се е също на свободните занаяти и екологичната техника
и стопанските задруги – извън опеката на държавата и фео-
далния монопол... Ала и тогава фарисейщината се мобилизи-
рала и в съюз с държавата и светските власти успяла да нало-
жи своите интереси и да прокара един мракобесен Теократи-
чен режим под егидата на Християнството, крепящ се всъщ-
ност на „светата“ Инквизиция и на тъй наречените рицарски
и монашески Ордени, осъществяващи явната и тайна власт на
Римокатоличеството.

Прословутата Григорианска реформа от XI век, с утвър-
ждаването на Папския абсолютизъм и Световното владиче-
ство (идеята за Свещената Римска империя), била всъщност
началото на Инквизицията и гоненията и Кръстоносните по-
ходи, написали най-черната страница в Европейската исто-
рия. Неслучайно тази „Църква“ е наречена „Сатанинската
синагога“ (Откр. **2**,9 и **3**,9) от самия Йоан Богослов.

Войните и репресиите и династическите интриги на мо-
нархиите демонизирали тотално политическия и обществен
живот, и тласнали цивилизацията в Инволюционната спирала
под знака на Луциферите и Ариманите... Трагедията на д-р
Фауст е красноречив пример за Омагьосания кръг, в който
попаднало Европейското човечество...

Тук се докосваме отново до вечната тема за Бога и сложната диалектика на Мировата Еволюция, която включва в себе си и Инволюцията – както Битието включва Бездната и Космосът граничи с Хаоса... Християнските мистици и Посветени, между които и Богомилите, са знаели добре този Закон на Развитието, според който всяко едно Духовно извисяване и прираст на Битието и обогатяване на Първичната Светлина-Бог става чрез слизането на Духа и потапянето му в Бездната, гдето се извършва вечната Мистерия на *Преображението* и се осъществява така нареченият *Скок* към Първоизвора или Праначалното Битие (Божествено-Духовните светове).

Такъв един акт на Мировата Еволюция е била Мистерията на Голгота с извършените от Иисус Христос *Преображения* на Земята и нейните сфери (подземни и свръхземни), с което започна Нова ера за цялата Слънчева система и Галактиката. Така и Земното човечество за пръв път израсна до степента на *Космическия Човек* и доби статута на Богочовечество, т.е. равностойно на висшите Йерархии с цялата им Божествена мощ и Духовни качества и творчески способности.

Но още древният Гностицизъм и Индуизмът са говорели за ЕОНИТЕ и за ДНИТЕ НА БРАМА, т.е. периодическото разграждане на материалния Космос и възвръщането на световете към Духовното състояние на Първичното Битие... С други думи, и преди Христа е имало велики Посветени и Пратеници свише, с кардинални Духовни мисии, като напр. Манес, Заратустра, Хермес, Кришна, Мелхиседек, Буда и т.н.

Впрочем съвременният окултизъм и в частност теософията изтъква на преден план *Аватарите* (Мировите Учители), които периодически се въплъщават в Земното човечество, за да импулсират културите и цивилизациите с нови идеи и космологични възгледи. Обикновено това става на 2000 години веднъж, колкото е горе-долу времетраенето на един Астрологичен цикъл, но е възможно и по-често, а също и паралелното им явяване на Земята, в различни народи или раси. Особено след Христа тази тенденция се засилва с оглед Космичния стадий на Земната планета и Христовото Съзнание на цивилизацията... Такъв един *Аватар*, според езотериците, е Българският Учител Петър Дънов (Беинса Дуно), който всъщност възражда през XX век Богомилското учение и го обогатява с новите Космологични идеи. Неслучайно неговите беседи са поднесени на такъв простонароден език, близък до иносказанията и приказките, а същевременно съдържат интелектуална и рационална основа в най-висшия научен смисъл.

А вече не е тайна, че Космологията доминира в Духовната Култура, измествайки трайно Есхатологията – както Езотериката доминира над мистиката и Научното познание измести решително църковно-религиозното... Самата Христология е прераснала в Космология с разкриване на необятните сфери и светове от целокупното Битие. Съответно *Христовото Съзнание* твори „Ново Битие" и преструктурира силите и енергиите на целия проявен Космос (настоящия Земен ЕОН).

* * *

Как са успели Богомилите, тези *герои на църквите* (от *Откровението*), да изведат Европа от Средновековния лабиринт и да се увенчаят с венеца на Победителите от *Филаделфия?* Знаем, че Богомилството е в своя Златен век и разцвет до края на царуването на Иван Асен II, след което изпада в немилост и минава в нелегалност. Обявено за ерес, то е гонено и преследвано по всички директиви на теократичната върхушка. Прогонено от България, започва голямото си шествие из цяла Европа, одухотворявайки народите. И всички техни последователи, начело с катарите във Франция и Италия, са прилагали основните правила на Богомилската Духовна школа – *Пречистване, Молитва* и *Утешение* (Кръщение) – които са и степените на Християнско Посвещение в най-широкия и общодостъпен смисъл.

В книгата КАТАРСКОТО БОГОМИЛСКО ХРИСТИЯН-СТВО на Мишел Муние се проследява този исторически ход на Богомилската мисъл, вдъхновила толкова Европейски народи за Просвещение и за изграждане на Културата на Любовта. За израстването на онази вътрешна *Евангелска и Апостолска Църква*, която е самият Дух на разбирателство, милосърдие, взаимопомощ, сътрудничество между всички „добри хора" и християни, независимо от общественото им положение или институционална принадлежност.

В известен смисъл *тя* е облагородила и самата ортодоксална Църква, главно Православната на Изток, която в монашеството и подвижничеството е възприела много от Богомилските практики и идеи (напр. в течението на Исихазма или на Старчеството в Русия). Но и един такъв светец на Католицизма като Франциск Азиски е бил по съществото си Богомил, и то от най-първите сподвижници на Катарството.

Богомилството е толкова витално и жизнено, оцеляващо и възкръсващо като птицата Феникс, че то е крепяло Българската Душа в тежките времена на Турското робство и е могло да стане истинска народна религия, без свещеници и елити, догми и ритуали. Тъкмо То е извело българите от Ислямската нощ и е запалило зората на Националното Възраждане.

И съвсем неслучайно се явява после Учителя Петър Дънов да основе школата на *Бялото Братство* в България като продължение на Богомилството в новите условия на цивилизацията. Идеята за *Всемирното Бяло Братство* е пряк отговор на зараждащия се космополитизъм и глобализъм, и е продължение на сакралната *Българска Идея* от най-древни времена. За мнозина тази Идея е все още една голяма загадка, която не може да се проумее по интелектуален път, но е въплътена в Българския ген и се проявява в интуицията на българите, имащи ухо за вечните истини. А това е новото откровение за

Космичното Човечество от извора на Христовото Съзнание, озаряващо нашата Галактика.

В същия този дух са и посланията на съвременните медиуми, като например езотеричните книги на Багрина Кларк, която транслира успешно откровенията на Посветените и на „небесните жители“, също както и информацията за Галактическите българи, предшествуващи Земните раси и цивилизации...

Паметта на българите пази най-древното знание. То се предава генетично и се проявява през различни времена. Най-старият език, който са говорели българите, е галактическият език, който и днес се употребява в тази галактика. Посветените българи са го знаели и на него са разговаряли с висшите същества. От Учителя знаем, че по-напредналите същества го-ворят на няколко свещени езика. Белите братя от Космичното Бяло Братство говорят на ватански – един от свещените езици. Този език може да се ползва само при изразяване на правилни положителни мисли. Ангелският език е проникнат от Любовта. Той може да бъде разбран от хора, чието съзнание е в сферата на Любовта. Един от древните езици на бялата раса е санскритският. Всеки човек е бил във висшите све-тове и пази дълбоко в душата си свещения език, на който е говорил. Когато съзнанието на човечеството се повдигне, то ще има един общ език.

...Древното знание, на което са били носители галактическите същества, известни като българи, и информацията за тях самите, е съхранена в Акаша – цялостната памет на планетата и на цивилизациите, преминали през нея. През всички времена е имало посветени с достъп до този сейф. И сега ги има, но всяко ново знание или загубено древно знание се поя-

вява в точно определен момент. Този момент относно галактическите българи наближава. Физическият облик на тези праначални същества се е променял, но генетичният им код е запазен. Идва времето, когато ще можете да разшифровате информацията, която се съдържа в гените. Тогава постепенно ще научите всичко за историята на планетата Земя и за цивилизациите, които са живели на нея.

Монадите, които са били предназначени за праначални земни обитатели, са били авангардът, който е трябвало да създаде живот на планетата. Сега това са много стари души, които са се вселявали милиони пъти на Земята и са преобразували живота. Тези праначални монади са се вселявали и в български тела. Едни и същи генни кодове са се препредавали и те идентифицират българската същност. Общност от души с български код е съществувала преди животът да се появи на Земята, съществува и днес. Ролята на тези могъщи духовни общности винаги е била да създава и да организира живота на новите цивилизации, като ги насища със знания и могъща духовна енергия. Общата Българска Душа винаги е била носител на авангардни идеи и на последващите знания, които да придвижат развитието на дадената земна цивилизация.

Народите, носещи българския код, са преминали през много тежки изпитания и винаги са оцелявали. Те винаги са присъствали в земните исторически епохи. В настоящите времена обединената Българска Душа има мисията да отключи качествата на българите и те да се възземат духовно и икономически. Този процес назрява и чрез Българския Дух, който набира сила. В българите има концентрирана духовна енергия, която е способна да създава гении. Такива е имало и отново ще има. Новото поколение, което сега се проявява в българския народ и носи неговия код, ид-ва с отворени психични възможности и ползва по-го-лям процент от капацитета на мозъка. Този процент с времето ще расте. За да се проявят възможности-те на българския код, не е необходима нито огромна територия, нито милиардно население. Настоящите български земи са заредени със специфични енергии, които подпомагат отварянето на психичните въз-можности и отключването на духовните енергии, заложени в съвременните хора.

... Промяната ще се усети осезателно, когато децата, които са родени след 2000-та година, станат на възраст между 30 и 50 години. Латентната мощ на Българската Душа започва да се събужда. Новите идеи ще произтекат от хора, носещи българския код. Сега душите на хората с български код работят за обединяване на българското съзнание. Себичността и егоистичното мислене в момента са най-големите спирачки за отключване на духовния потенциал на българите. Изглежда, че българският народ е изчерпил своите сили и е потънал дълбоко в материята, но това е привидно. Така е на пръв поглед. В момента тече един вътрешен процес, в който една част от българите все повече потъват в гъстата материя, но в същото време другата част напредва в отключването на духовната си същност. Чрез духовните българи Българската Душа получава възможност да отключи Божествените си качества. Мировият Дух, който прониква българите, силно се концентрира, за да излъчи гении.

Все повече българи се интересуват от духовната си същност и се занимават с духовни практики. Наличието вече на духовна литература подпомага този процес. Все повече българи, независимо от материалната нищета, се оттласкват от грубата материя и повишават вибрационните си честоти. Предстои нов Ренесанс, в който българите ще вземат дейно участие!

(из „ЛОТОС БЯЛ Е ТВОЯТА ДУША",
гл. *Ролята на Българската Душа*)

Да, Новият, Духовният, Ренесанс вече хлопа на вратата ни и буди потъналите в материята души. Зове с нова сила пробудените и озарените. Могъща Духовна вълна се излива от Космоса и струи в съзнанията на мало и голямо, подтиква към творчество и добри дела, настоява за мир, правда и целокупна Хармония... Но кои са сега *духовните българи*, призвани да извършат този голям прелом и еволюционен скок и културна революция? Как разпознаваме *вечните богомили* на новата сцена на историята, сред гъмжилото на съвременните индустриални градове или пък измежду несретниците на глухата провинция?... А нима те се подвизават изключително и най-вече в Интернет, достъпни предимно за интернет-потребителите (каквато е природата на сегашните социални и политически Протести в столицата и други големи градове)!

Уви, по-скоро ще ги открием в лоното на Природата, по планини, села и паланки, сред туристически групи и в трудови общности, и дори измежду оцеляващите от рисковия контингент. Защото Социалната Голгота е под знака на *парите* и безпаричието е тяхна главна отличителна черта в нестандартната борба за оцеляване. А вече се зараждат сдружения на кооперативен и екологически принцип, които се дистанцират максимално от Държавата и от градската замърсена среда. Екокомуните и Екоселищата са пионерите на Духовния Ренесанс, чиито прототип бе и селището *Изгрева* от времето на Учителя Дънов.

Демократичният преход позволява да се разгърне и тази страна на Новата Култура, която е Обетованата земя на Богомилството в лоното на тази цивилизация. Още повече, че в Европа и в Русия са изградени и действат от години такива селища, с разгръщане на авангардни научни дисциплини и технологии на бъдещето. Красноречив пример е *Даманхур* в Италия, в подножието на Алпите, където още от времето на Студената война са положени основите на нов тип общество със съвършено нови социални, културни и стопански взаимоотношения.

Медицина, наука, социален и политически живот, философия, изкуство, икономика, нов тип социални взаимоотношения, природосъобразен начин на живот, използване на алтернативни източници на енергия, самопознание и развитие, еволюция на Планетата – всичко в това общество е обмислено и приложено съвършено. Под земята са изградени изумителни зали – изкуство, поразителна красота, технологии от Атлантите, лечителски практики – всичко там може да ни изпълни с удивление и възторг! И най-вече с НАДЕЖДА за възможността общественият ни живот да се промени! Оберто Айрауди, основателят на Даманхур, беше три пъти в България; изнесе лекции и проведе духовни семинари.

(из „НОВАТА ЗЕМЯ – ОБИТЕЛ НА РАДОСТТА" от Багрина Кларк).

И там има цяла Федерация от еко-комуни, прилагащи методите на биодинамичното земеделие, гдето и най-ерудирани жени с висше образование не се свенят да сеят и отглеждат картофи...

Съвсем по Богомилски прохождат и първите Екоселища у нас, макар тази идея да вдъхновява все още малцина и то в малки еко-комуни по нашенски, които възникват най-често на семеен и чисто битов принцип. С времето обаче тази тенденция ще се одухотвори и много млади хора и духовно пробудени личности ще се заселват в такива *оазиси* на все по-подходящи места и в девствени райони.

Наистина това е индивидуална работа преди всичко, с разгръщане на дарбите и по-дълбоките заложби на душата. А това е разгръщане на добродетелите и постигане на все по-високи нива на съзнание от отделните хора. И отново идват на помощ и стават актуални класическите Богомилски практики на *Пречистването, Молитвата* и *Утешението* (Кръщението), които по нов начин изразяват Христовото Съзнание и отключват същинските Духовни дарби и творчески способности.

Колко труден е днес този път на Посвещение и колцина изповядват Богомилската вяра и прилагат Богомилската етика в живота си?

На пръв поглед изглежда, че сега са най-благоприятните възможности за духовен живот и културен разцвет и всестранно усъвършенстване на личността. Високите технологии спомагат за неограничен достъп до информация, литература и бързо комуникиране. За практикуване на Духовни учения и постигане на някакви по-екстремни резултати и универсални придобивки. Издава се всевъзможна окултна и теософска литература, а в Интернет е пълно с езотерични и духовно-образователни сайтове. Греби, както се казва, с пълни шепи от Рога на изобилието! И напредвай, напредвай във виртуалното съзнание и виртуалните светове... Би било прекрасно наистина на теориите и визиите да се осребряват и в пари, или по алхимичен път да се превръщат направо в злато. Или пък като Сай Баба в Индия да можеш да материализираш предмети, храна и други насъщни необходимости...

В реалното всекидневие обаче са в сила по-други идеи и практически методи и духовни правила. На първо място е идеята за Братство в стопанско-икономическия живот, което да осигурява всички блага и средства за достойно съществуване и поддържане на физическото тяло в изправност и добър тонус. „Здраво тяло, здрав дух" – както гласи древногръцката максима... Но такова Братство не може да се постигне в съвременните индустриални градове, в системата на модерния бит и финансов монопол, дирижиран от банките и корпорациите. Разпределението на парите отдавна се извършва по крайно несправедлив начин, облагодетелстващ едни и ощетяващ други, и принуждавайки много хора да водят недостойно съществуване с раболепно и почти безпрекословно подчинение на елитите и върхушките, които провеждат от своя страна социални и политически експерименти с цел да наложат „новия световен ред" и спуснатата Технократична доктрина. Тази доктрина е военно ориентирана, в това число за извънземни нашествия и „междузвездни войни", а най-вече нарушава драстично екологическото равновесие, предизвиквайки природни бедствия и космически катаклизми.

Следователно борбата за Братство е същевременно Борба за оцеляването на Планетата и възвръщане към екологично чистите производства и технологии. И това е пак Пречистването (в Богомилския смисъл), което днес е почти невъзможно в условията на големите градове и индустриалния бит.

Впрочем сегашните Протести в столицата и други големи градове на България са само външната страна на Борбата, така да се каже, върхът на айсберга, и едва бегло се докосват до същинския духовен и екологичен проблем. Но те са все пак добър знак за дългоочакваното пробуждане на Съзнанието, наречено Гражданско общество, в което обикновено се влага чисто политически смисъл.

Същинската активност и адекватни идеи за промяна могат да дойдат обаче главно и преимуществено от Екоселищата и Екокомуните, доколкото ги има и се изграждат по Богомилски образец. Това аз наричам *Богомилската кауза на Прехода* в текущото настояще и в обозримото актуално бъдеще. Тъй като, според мен, съществуват три основни и характерни типа българи, най-общо казано: *Богомили, болшевики и цигани* – с ярко обособени черти, манталитет, душевност и начин на живот... Тези типове още не са проучени от съвременната наука, ала тепърва ще се откроят като цели културни и социални съсловия. И когато сам Учителят Дънов казва, че България е новият Израил и че „12-те Израилеви племена" се въплъщават отново между народите, и дори дава точната цифра на *българите* – 1400 души, – той има предвид тъкмо *Богомилите*, съвършените, наричани още „пратеници" и „небесни жители"...

Що се касае до *болшевиките* и *циганите*, те също са интересен етнически и духовен феномен, обусловен от Закона на прераждането и кармата. Като под *болшевики* се разбира преобладаващият културен тип на индустриалната цивилизация, с развити интелектуални способности и творчески заложби, стигащи до гениалност. Докато *циганите* олицетворяват вече най-ниското културно стъпало и потъване в материята, със силни плътски влечения и атавистични наклонности. Забележително е, че у нас този трети тип българи се формира и консолидира тъкмо през епохата на Комунизма и неслучайно битуваше тогава нарицателното „новите българи" по отношение на циганите. А днес вече определено може да се говори за „белите цигани" на Чалга-културата и Шоу-манията и Мутренския финансов елит.

Всъщност хомогенната Българска народност се е утвърдила през епохата на Възраждането (XVIII и XIX век), когато се е изразила най-ярко и самобитно сакралната *Българска Идея* за Славянството и Новата Култура на *Филаделфия*, сиреч Църквата на всеобщата Братска Любов. А героите на *Филаделфийската църква* са именно Богомилите, чието точно число никой не знае, а само приблизително може да предполага с оглед на настоящето.

22 август 2013 г.

КУЛТУРНАТА РЕВОЛЮЦИЯ

Всичките ни надежди днес са свързани с Промяната на съществуващото статукво, в което обикновено се влага политически смисъл. По-напредналите интелектуалци обаче наблягат на икономическия фактор като водещ и определящ цялото културно и цивилизационно развитие – основа на всяко преобразование и преустройство. Такъв интелектуалец за пример бе Карл Маркс – знаменитият идеолог и социален реформатор и създател на Комунистическата утопия. По съществото си тази Утопия бе материалистическа и искаше да обясни Еволюцията от гледището на предметния разум или ограничения земно-сетивен интелект, присъщ за преобладаващото мнозинство хора на нашата епоха. Той издигна в култ обективната наука, затворена в кръга на петте сетива и видимия физическо-веществен свят.

Така се роди Болшевизмът на XX век, отначало по руско-еврейски образец, а после приел облика на Глобалната американска доктрина за световно господство и тотална хегемония на технократите. Тази доктрина е космополитна и милитаристична, боравеща с високи технологии от извънземни цивилизации, с които правителствата на САЩ сключват тайни договори и съюзи за господство в материалната Вселена или над световете от Третото измерение. Тези факти се изнасят вече в литературата и Интернет, но малцина им обръщат по-сериозно внимание и с нужната отговорност... Още от Студената война цивилизацията пое курс към бурна индустриализация и необуздана военна промишленост, която достигна критичен праг за екологическото равновесие и самото оцеляване на Земната планета. Създаде се и нов тип човечество – расата на Луциферите и Ариманите, която е агресивна и инволюционно ориентирана... В книгата „*Откровение*" този тип цивилизация е наречена *Великият Вавилон*, простиращ своето господство и владичество над целия проявен Космос. Говори се обаче и за *Светия Град* (Новия Йерусалим), който олицетворява Богочовечеството или одухотворената Земна раса...

Големите Промени или *исторически скокове* винаги се свързват с кардинални земно-космически процеси, съпроводени от някакви природни бедствия и глобални катаклизми, засягащи по неизбежен начин Земната планета. Оттам и фатализма и суеверието и религиозния фанатизъм на поколенията от Потопа насам, сиреч преобладаващото съзнание и културен уровен на нашата цивилизация (Следатлантската).

Това Съзнание се върти в омагьосания кръг на материята (Майя) и неизбежно възпроизвежда антагонизъм, раздори и войни, основаващи се на *егоизма* и така нареченото Луциферическо начало. Всяко разделение, обособяване, изолация и стремеж към хегемония на едни хора над други се обяснява с това начало и хората, които го носят в себе си, са наречени още „децата на Луцифер"... Религията го нарича, от своя страна, Грехопадение, но това е много древен, предисторически и космически духовен принцип на Сътворението, който е приел инволюционна насоченост с цел потъването в Бездната и увековечаването на материята. От него произлиза и по-новият Ариманически духовен принцип, известен още като Сатанински, който олицетворява крайното потъване и материализация и обособяване и отделяне от Цялото (Бога) и предизвикващ „Божия гняв", сиреч дематериализацията и тоталното одухотворяване на Космоса, с онази битийна трансформация или транссубстанция на веществото, наречена още Геена или „огненото езеро".

Тъй наречените Черни дупки, наблюдавани от астрономите, са всъщност проявление на тази мащабна Космическа трансформация, с пълното разграждане на веществото и одухотворяване на материята, когато изчезва цял един свят, за да възкръсне отново в Светлината, а духовете на застоя и инволюцията образуват огнената субстанция като последно състояние на праматерията... Светлината и Огънят са изначалните атрибути (полярности) на *първичната субстанция* и те олицетворяват всяко битие – изходна основа на Сътворението...

Вече и на научно ниво се говори за тези земно-космически процеси на материализация и дематериализация, респективно за еволюционните и инволюционните спирали на развитието. За „квантовия преход" към по-високите измерения и свиването на пространството, с въвеждането на тъй нареченото *нулево пространство*.

Казано философски, битието изчезва от едната страна, за да се появи от другата като Съзнание и по-високо състояние на Светлината. Знаем, че *всичко е Светлина*, но с различно качество и различна вибрация в разните сфери и светове – и колкото е Тя по-висока и учестена, толкова Съществата са по-съвършени и световете по-богати и красиви, хармонично устроени... Раят олицетворява *Светлината-Любов*, докато Адът е символ на падението и деградацията. Съответно любещите Съзнания са все по-могъщи и творчески даровити, свободни. Те именно олицетворяват Боговете (Космичните строители) и Божествената личност-Демиург, какъвто е призван да стане и всеки един земен човек.

Да, този земен човек е „един бог в развитие", както гласи окултната максима и съвременната Християнска езотерика. И това е свързано с *Революция на съзнанието* у хората, приели светлия Духовен път на Еволюцията, наречен още от древните индуси *Сатва*, а самите хора се назовават по новому „братята Христови" – в противовес на „децата на Луцифер", подчинени на Закона на прераждането и кармата...

Досега в науката и философията и религията е господствала максимата, че „битието определя съзнанието" и хората са били само едни марионетки на по-висшите цивилизации и космични йерархии с инволюционен път на развитие. Религията е утвърждавала всъщност дуализма и робската народопсихология, обслужвайки винаги инволюционните елити и върхушки, господстващи в Третото измерение и световете на гъстата материя. Затова религията е не обединение, а разделение, основаващо се на насилие, лъжа, агресия и най-вече на човешкия егоизъм.

Религията по начало е родена от *Тамас*, сиреч Тъмната Луциферическа йерархия, и остава пак в *Тамас*, този път подчинена на Ариманите, които провеждат Индустриалната революция и материално-техническия бум.

Следователно Земята става арена на една голяма Вселенска и Галактическа драма, известна още като *Армагедон* или *Войната на световете*, тъй щото никой земен човек не може да избяга от нея, а трябва да се включи активно в единия от двата потока – еволюционния или инволюционния, със съответните битийни преображения и трансформации... И тъкмо нашата съвременна епоха е във вихъра на тази противопоставеност и е под знака на тоталната поляризация и борба за самоопределение на земните хора. Още през XVIII век квакерът Томас Пейн я нарече „*Време Разделно*", а през XX век антропософът Рудолф Щайнер възвести Новата Земна епоха – от 21-я век нататък – като „Времето на Великите решения".

Ние вече живеем в това Време и сме преки участници в този велик Преход и тази голяма Промяна в човешкото съзнание. Сега всяка една мисъл, всяко едно чувство и всяка една дори незначителна постъпка натежават неимоверно на Духовната везна, произвеждайки съответните кармически реакции и мигновени процеси в целия Космос. Особено силна е рефлексията от страна на нашата Галактика и ангажираните с *Прехода* Светли космически цивилизации, обединени в тъй наречената Галактическа конфедерация. Техни представители участват активно в борбата с Ариманите или тъй наречените *рептилии*, а от друга страна работят за пробуждане и просветление на глобалното Човешко съзнание, което е главен и основен фактор за Планетарната еволюция. У нас в последните години се откроиха посланията на Посветените от Плеядите и Сириус, транслирани чрез книгите на Багрина Кларк, която продължава делото на Учителя Петър Дънов (Беинса Дуно) за разгръщане на Новото съзнание.

Този нов тип Съзнание твори съвършено новата Култура на Любовта, призвана да облагороди цивилизацията и одухотвори Природата и издигне Планетата в по-високите Космически измерения (Четвърто и Пето), гдето са същинските сфери на Духа и Христовото Царство. То именно преобразява и преизгражда самия земен човек от собствените му душевни глъбини, доколкото е развил в себе си Христовите добродетели, т.е. принципите на Любовта, Мъдростта и Истината... И отново на преден план излиза работата с Езика и начина на мисленето и самото качество на Мисълта. Понеже Българският език притежава уникална пластичност и способност да превежда Духовните знания и висши мъдрости, то и сега той става *поетическа парадигма*, сиреч главно средство за комуникация и енергиен обмен между пробудените и озарените българи от всички краища по света.

Най-голямото чудо на Прехода е осъществяването на Братството, наречено още *Социален космос*. Това е обединението на всички свестни хора и пробудени души в Единния Земен храм на Любовта. Истинската Културна революция е Духовната и тъкмо тя постига онова, което не успя да постигне нито религията, нито идеологията и политико-икономическата върхушка на последните времена... Тъй нареченият Комунистически идеал, завладял масовото съзнание на цели народи и държави, е всъщност глобалното *Човешко съзнание*, отърсващо се от оковите на робството и насилието и агресията във всичките им форми и разновидности. От векове градените силови институции и репресивни структури рухват под напора на общественото мнение и спонтанните граждански инициативи... На пръв поглед изглежда, че това е непосилно за хората, изправени срещу могъщите армии и полиции и военно-промишлени комплекси, обединени под шапката на тъй наречените Велики сили. Ала тяхното господство се простира единствено в материалната сфера, която е ограничена и свиваща се, докато Духовната сфера раз-крива истинската перспектива на Еволюцията и необятните възможности на творческия Човешки дух. И сегашните мирни протести на хората от по-младото поколение са пряк израз на това глобално Съзнание, вземащо все по-голям превес в чисто Културно отношение. Сигурен знак за превъзходството на Духа и изконните човешки добродетели на Мира, Правдата и Справедливостта от самото начало на Сътворението. Защото нашето време е всъщност връщане към Началото и осъществяване на великия Прираст на битието по Човешка мярка и Богочовешки (Галактически) статут.

И това е новото тържество на *Сатва* или тъй наречената Златна епоха, която от дълбините на Човешкото преобразява Земната планета, издигайки я отново в *световете на Светлината,* с още по-богати качества и аспекти на красотата и приказно одухотворена Природа. Този Еволюционен поток е същинското *Царство Божие,* което непрестанно се разраства и обогатява от началото на Времената и през цялата Вечност.

Културната революция *сега* е Събитие от Космическа величина и с гигантски мащаби, тъй че се преобръщат цели светове и много плътни планети от Третото измерение преминават през Духовен апокалипсис. Земята играе една от централните роли в този процес, защото е предопределена от самото начало да стане Слънце в хода на Мировата еволюция, и то превъзхождащо значително настоящото Слънце от нашата планетно-звездна система. Съответно и Земните хора се превръщат в Богове по силата на Еволюционния закон и първичната Идея за Свободата. Това е Идеята за *Богочовечеството*, което пресътворява нашата Галактика и твори все по-съвършени и красиви светове, за които се загатва и в книгата „*Откровение*", 21 и 22 глава.

В последната книга на Багрина Кларк *ПЛАНЕТА НА БЛАГОДАТ – ТИ СИ СЪТВОРИТЕЛЯТ* е развита тази Идея с оглед на настоящето и сложните задачи пред Земните хора, подпомагани от напредналите „небесни жители", представители на Сириус, за разширение на съзнанието и отключването на Божествените заложби, дремещи у всеки човек.

ЧИСТИТЕ ПО СЪРЦЕ ЩЕ ВИДЯТ БОГА

Това ви е казал Христос преди повече от 2000 години. Повелите му са валидни и в днешното време. Много хора ги повтарят механично, без да ги осмислят и без да полагат усилия да ги приложат. Всяко познание, което не е приложено, е просто информация. Да видите Бога, означава да се върнете в световете на Светлината и Любовта – там, откъдето сте произлезли.

Днешните времена са изключително важни. Излизате от третото измерение и се възкачвате по спиралата. За да продължи този възход, основно значение има сърцето. В книгата *Новото битие; Живот в сърцето* обяснихме подробно, че сега ключова роля играе сърцето. Формира са космическото сърце – то е главният фактор за вашето извисяване. Сърцето има съзнание и ръководи мозъчната дейност.

Отново ще кажем, че основната енергия на Сътворението е Любовта. Тя поддържа световете живи и развиващи се. Нали не бихте разделили Сърцето и Любовта? Центърът на Любовта е в сърцето. Основната работа на днешния земен човек, онзи, който е осъзнал своята духовна същност, е чрез сърцето. Какво е искал да каже Христос с *Чистите по сърце ще видят Бога?* Имал е предвид изразената Любов, отключването на сърцето. Излъчването на Любов, постигането на безусловната Любов повдига вибрационните честоти и отваря път по спиралата към Създателя. Да тръгнат по обратния път към Твореца е желанието и задачата на Душите, които са стигнали до ниските измерения от гъста материя.

Съдбата на прекрасната ви Земя зависи от вашите сърца – от броя на хората, които са осъзнали могъщата роля на сърцето и действат чрез него в света. Идеята на Създателя в настоящия момент е човешката общност да се обедини чрез сърцата си и да излъчи силна Любов към Планетата, да подкрепи нейния импулс за преминаване в по-високо измерение. Земята е жива, разумна и любеща. Тя има майчинско сърце и ви обича безусловно. Вашите сърца, независимо, че не го осъзнавате, са свързани със сърцето на Земята. Когато пулсират в синхрон със земното сърце, те са здрави и радостни.

Какво е да си чист по сърце? Просто е за разбиране – да не таиш и да не излъчваш негативни чувства. Те разболяват сърцето и цялото физическо тяло. На Земята има много хора с болни сърца. Ако те не изчистят сърцата си, не могат да влязат в синхрон с пулса на Земята. Той се ускорява и става все по-трудно да се постигне този синхрон. Единственото, което може да се случи на тези хора, е да останат в третото измерение. Те ще продължат в програма за преодоляване на отрицателните чувства. Отрицателните мисли и чувства са свързани – едните предизвикват другите. Образува се затворен кръг. От него трябва да се намери изход. Мислете с Любов за собственото си сърце. Обливайте го мислено със Светлина и му казвайте, че го обичате. С всеки ден усилвайте вниманието си към сърцето. Изчиствайте мислено тъмните петна в него и ги замествайте с розова светлина. Игнорирайте от мислите си хората и събитията, които предизвикват у вас лошите мисли и чувства – напълно забравете за тях. Така ще прекъснете негативния поток от енергии, които ви свързват. Представете си, че прекъсвате с огнен светъл меч този тъмен поток. Тръгнете по светла пътека в обратна посока на тази, от която извира негативната енергия. Не се надявайте, че някой друг ще свърши тази работа вместо вас. Тя е дълбоко лична. Никой няма право да бърка в сърцето ви. Потъмнялото сърце привлича тъмните сили и тъмните енергии, задушава се от злост и омраза. Не искате това за сърцето си. Още по-малко това е желание на Душата ви. Ако сърцето ви не излъчва Любов, Душата е много огорчена. Тя не може да продължи към по-високите измерения. Програмата ѝ ще стагнира до онзи момент, в който сърцето ви започне да се просветлява. Рано или късно, това ще се случи. Да не изпуснете великия момент на високите енергии, които днес обливат Земята, е вменено на просветленото ви сърце.

Вселената „е на крак". Затаила дъх, тя е вперила поглед в събитията на Земята. От просветлените любещи сърца зависи дали Планетата ще тръгне към прекрасното благодатно хилядолетие. Даден е шанс на земното човечество да изведе на този път Земята!

Чистите по сърце ще отведат Земята в щастливото бъдеще! Не забравяйте – вие сте Сътворителите!

(из „ПЛАНЕТА НА БЛАГОДАТ – ТИ СИ СЪТВОРИТЕЛЯТ")

И така, Новата Култура, за която говорим, е преди всичко Култура на Сърцето, Култура на Братството – епоха на истинското Възраждане на човечеството. Досегашните Култури на тази цивилизация (рода Хомосапиенс), датираща от осем хиляди години, са били преобладаващо Култури на ума, на земния интелект, експериментиращ в гъстата материя, и затова са оставали едностранчиви, ограничени в Третото измерение – подвластни на Инволюционните Космични йерархии, господстващи на Земята от много древни времена... Едва от Христовия Духовен импулс Земята и Земното човечество поеха по възходящия път на Спиралата, с разкриване на съвършено нови сили, енергии и планетарни сфери на битие. Земята за тия 2000 години от Мистерията на Голгота, е променила радикално своя облик. Милиони и милиарди човешки души са избрали светлия път и благодатните царства на Четвъртото и Петото измерение, в които пребивава вече Планетата като в един вид пашкул.

Това е и съвършено ново Познание, далеч надхвърлящо конвенционалното сетивно познание от научно-интелектуален тип. Говорим за Космическо познание от Духовен тип, с разкриване на Божествените заложби и качества на Душата.

Именно Земният човек става сътворител и преобразител на Земната планета – за пръв път от Еони насам... Тенденцията е гъстата материя да се етеризира и все повече да се разтваря в Духовното пространство (Ноосферата), докато висшите планетарни царства се слеят с преобразените низши. Това е двустранен и много сложен процес, макар религията да говори за „слизането на Божието царство на земята", сиреч старата догма за Предопределението и очакването на Второто Пришествие и Страшния съд. Пасивната роля на ортодоксиите неминуемо взема отрицателен знак. Пренебрегва се значението на човека и неговата активност, творческа свобода – а оттам и инерцията на застоя, стагнацията, материалистическите изблици и културни напъни, обречени на провал.

Сега индустриалната цивилизация достигна своя апогей и само за около два века изчерпи своите възможности, превръщайки се в тумор за Планетата – който все още може да бъде отстранен по Културен път, без екстремни Космически катаклизми и природни бедствия... Това зависи пак от глобалното Човешко съзнание и доколко групите и обществата ще съумеят да променят статуквото и наложат волята си за Промяна. Политическите върхушки трябва да отстъпят пред широките граждански инициативи и социално-битови проекти.

Идеята за Преустройство минава през много фази и степени на Културното съзряване. Ние всъщност вървим към *Културата на Гениите*, която разцъфтява сред народите и езиците паралелно на стопанско-икономическия разцвет.

На първо място е Идеята за *Екологично Братство* – с възстановяване на природното равновесие и екосистемите, от което зависи телесното здраве на човека и самото оцеляване на Планетата – тоест гарантираният изначално Плавен преход. Напълно възможно е цивилизацията като цяло да премине в по-горното еволюционно ниво доброкачествено, без резки скокове и стопански сривове и социални сътресения. Тъкмо последните провокират и стават причина за първите. Ето защо *Братството* е абсолютно необходимо като **екзистенц-минимум** в условията на сегашния политически строй и стопански ред под знака на Демокрацията.

Екоселищата и Екокомуните, които вече се изграждат в много страни и главно в Славянския свят, са пионерите на това *Братство* – чийто прототип бе и селището *Изгрева* от времето на Учителя Дънов... Разбира се, сега има по-благоприятни условия по естеството на Мирния преход и напредналото Културно съзнание, преобладаващата интелигентност и хуманен дух на хората от по-новите поколения. Но от друга страна, и предизвикателствата са по-големи във връзка с господстващото статукво и начина на живот в индустриалните общества и големите градове.

Статуквото е не политическо, а икономическо, обусловено от парите и системата на финансите. Банките и олигарсите дирижират все още целия обществен живот, възпроизвеждайки демократичен фарс и така наречената пиеса на абсурда. Това се осъзнава вече от широките обществени слоеве и новите Социални протести имат ярко изразен левичарски дух, непримирим към атрофиралата политическа система на Капитализма. Но Статуквото е всъщност *стандарт на живота* за много хора и цели социални слоеве, които мъчно биха се отказали от удобствата и комфорта на модерния бит. Преминаването към новия екологичен бит и постиндустриален стандарт е свързано с ред изпитания и откази от старото, с премахването на вредните производства и унищожаването на военните бази и арсенали по всички точки на света. Едва с ликвидирането на военната индустрия и отказа от всякакви войни може да се положи началото на Глобалния Екологичен проект за спасението и възраждането на Планетата. За внедряването на нови технологии и безплатни енергии и изграждането на селища от съвършено нов тип.

Сега-засега това изглежда като Утопия за мнозина и за преобладаващото число съвременни граждани, възпитани в материалистичен дух и възприели потребителски навици. Особено уязвими са по-старите поколения, закърмени с болшевишката идеология и превърнали се в контингент на политическите и медицинските институции. Неслучайно пенсионерите у нас олицетворяват стагнацията и са основна пречка за възхода и просперитета на нацията. Конфликтът между поколенията е другата голяма бариера и предизвикателство от чисто психологическо естество, което трябва да се преодолее. И от друга страна са инвалидите, хората с увреждания, между които преобладават психопатите – тъй както и цялата Масова потребителска култура е под знака на психопатѝята... Изисква се толерантност и голям такт от страна на здравите и психично пълноценните граждани, незаразени от синдрома на Болшевизма-глобализма. А нима мутренското съсловие, което се формира като челен отряд на олигарсите и изигра ролята на авангард на криминалния преход, може да се нарече здраво и психически уравновесено?! Но има и доброкачествени психопати и хора с лабилна психика, които всъщност са по-чувствителни и са развили преждевременно, по абнормен начин, някои от по-фините си сетива и духовни центрове.

Тук идваме отново до по-дълбоките пластове на Съзнанието и духовни сфери на Познанието, без чието разгръщане и култивиране не може да се осъществи истинската Промяна. Отново Идеите стават водещи и определящи всички реални преображения и преустройства. Радикалната смяна на строя и преминаването към „ново битие" се предхожда от *Революция на съзнанието* – от индивидуалната и колективна зрялост на Културните общества.

Културната Революция се случва за пръв път в тази цивилизация или Земна раса (Следатлантската) и е известна още като *Ликвидация на Карма*. Това е възможността все повече хора да излязат от спиралата на Прераждането (превъплъщението) и влязат в Духовния път на Възраждането (преображението). С тази мисия са ангажирани не само напредналите човешки души или тъй наречените съвършени, но и всички висши Йерархии и Богове, наречени още *Господари на Карма*. Огромна помощ получават хората с добра воля, избрали Светлия път и Духовната кауза на Пречистването. Защото всичко е съсредоточено в самия човек, в неговото сърце, и така нареченото *шесто чувство* е духовната интуиция на сърцето, която отключва по-фините сетива и центрове на ума, осъществявайки мигновено познание и онова дълбоко проникновение и прозрение за нещата, известно още като мъдрост. Мъдрите хора не са „старите хора“, с натрупан житейски опит и интелектуални знания, информация, а това са именно *чистите по сърце* – хората на вечната младост... И Любовта е *жизненият еликсир* на безсмъртието, който извира от сърцето на добротворците и безкористните – на всички духовно озарени и пробудени хора, наречени в Писанието „нищите духом“ или духовни младенци.

На съвременен език това е разцъфтяването на гениалността във всички сфери на обществения живот и най-вече в стопанско-икономическата. Старите технологии и енергийни ресурси ще бъдат заменени от нови, екологично чисти и съобразени с географските дадености по най-хармоничен начин. В това отношение планините и девствените все още райони ще изиграят водеща роля – оазисите на Новата Култура. Вече се изграждат Екоселища и Екокомуни, внедряващи авангардни духовни идеи и стопански практики. Този процес ще се разгръща и обхваща все по-големи територии, като бъдат пречиствани замърсените райони и преустройвани кардинално големите градове.

Кога и как точно ще се случи това? – е въпрос от компетенцията на Посветените, които живеят в няколко Измерения едновременно и имат поглед за ставащото в световете. Във висшите Духовни сфери на Четвъртото и Петото измерение събитията текат паралелно и изпреварващо, защото там отпада линейното време, характерно за земно-сетивния разум, и минало, настояще и бъдеще стават едно Цяло и се възприемат като СЕГА. Онова, което земните хора наричат Вяра, е всъщност по-разширено Съзнание, проникващо в по-горните светове, гдето събитията се преживяват като приказна реалност и поетическо виждане. Затова Поетите открай време биват почитани наравно с пророците и мистиците, и неслучайно слепият Омир е бил ясновидец от най-висш ранг, разказал драмата на цяла една Земна ЕПОХА, простираща се в няколко Измерения и разиграваща се в много паралелни светове.

Подобна драма описва в по-ново време и английският поет Джон Милтън в знаменитата си поема *Изгубеният Рай*. А още в книгата *Откровение* на светия апостол Йоан, „ученикът, когото Исус обичаше", са предадени образите и поетическите картини на Прехода, разиграващи се постоянно във висшите светове и достъпни за хората с разширено (Духовно) съзнание. Казано е впрочем, че *времето за изпълнение* на всички тия събития е *кратко* и не се вмества в обичайните земни представи за Време и разбирания за историческите Епохи.

Но разширяващото се Човешко съзнание ускорява процесите и променя радикално самото научно мислене – градените от векове постулати на материалистическата (академическа) наука рухват под напора на свободния Човешки дух. Все повече хора отварят чакрите си, по-фините сетива и центрове на душата, и възприемат реалности от духовните светове, които са приказни и чудодейни. Това налага корекция в много земни понятия и цели изкривени светогледи, тъй че класическата философия отстъпва пред теософията и антропософията на Новото време, т.е. пред тъй наречената Духовна наука, извършваща „преоценка на всички ценности". Стъпка по стъпка човечеството се приближава към Златния век (Епохата на гениалността) и навлиза в „Страната на чудесата".

Преображението, за което се говори в Евангелието като дело на Христос на планината Тавор (или феноменът на тъй наречената *Таворска светлина*), е всъщност пътят на земните хора към истинската им Родина, наречена Христово Царство или Човешко Царство. А все пак това е съвършено нов свят в сферата на Петото измерение, за което разказват днес Посветените и езотериците, и което още Данте описваше в своя „Рай".

А ето какво се казва на едно място в книгата „*И рече Бог: Вдъхвам ви и Любовта*" на Багрина Кларк:

> Когато честотите ви се доближават до тези на четвъртото измерение, това предизвиква явления от арсенала на „чудесата". Границата е много тънка и винаги може да ви се случи да навлезете в четвъртото измерение. Това означава, че диапазонът на сетивата ви се разширява и съзнанието отваря врата към области, които досега не сте познавали. Това са гранични състояния, които днес се случват на все повече хора. Навлизате в непозната зона. Тя е прекрасна. Измеренията с по-високи честоти са още по-красиви от Земята. Като познавате земната красота, едва ли бихте си представили по-голяма красота – тя обаче съществува в другите измерения. Вие сте се запътили натам, но трябва да бъдете подготвени за това. Трябва да бъдете готови за яснотата – в четвъртото измерение получавате яснота.

> От векове се случва да се появяват образи на светци, на картини от миналото или от бъдещето, картини от

непознати светове. Стават чудодейни изцеления, вне-
запно някои хора получават знания в някаква област,
информация за събития, които се случват на хиляди
километри. Винаги е имало хора с такива възможнос-
ти – възможности да проникват чрез съзнанието си в
други светове, да получават мигновено знания, да
виждат миналото или бъдещето. Винаги е имало хо-
ра, които виждат „мъртвите", т.е. по-фините тела на
хора, които са напуснали живота на Земята и са се
разделили с физическото си тяло. Контактуването с
други измерения започва да се превръща във всеки-
дневие за все повече хора. Това е нормално и не бива
да ви плаши. Преобразуването на материята от един
вид в друг също е познато – например превръщането
на среброто в злато. Това са го можели земни хора,
адептите и посветените, учителите, които имат зна-
ния, недостъпни за обикновените човеци. Тъй наре-
чените „тайни знания" винаги са били достъпни за
определени земни хора.

Вече е дори банално контактуването с цивилизации
от други измерения, които съществуват паралелно с
вашето настояще или са далеч в бъдещето според
земното разбиране за време. Тайната е, че всичко съ-
ществува едновременно – енергията и информацията
за събитията не се загубват, а продължават да същес-
твуват в пространството и във вселенските архиви. В
тях е съхранена цялостната информация за историята
на Вселената, за всички цивилизации, за всички мо-
нади в техните различни превъплъщения. Всеки, кой-
то е изопачил историята, в даден момент ще бъде
изобличен. Истината за събитията, за чувствата и ми-

слите е записана. Нищо не изчезва безследно. Отговорността за мислите, чувствата и действията е вечна.

Вече ще навлезете във фазата, когато за повече хора ще е достъпна възможността да виждат историята на планетата ви и на други цивилизации. Постепенно ще бъдат коригирани всички информационни изкривявания и съзнателни измами. Часът на истината наближава. Ще се изумите от разликата, която съществува между действителността и представената информация. Една част от преобразуванията на планетата несъзнателно са изтълкувани погрешно от учените. Много хипотези и теории нямат допир с действителността. Търсенето на истината е част от развитието на вашата цивилизация. Тъй като по-голямата част от учените нямат разширено съзнание, за да видят вярно какво се е случвало, те си служат с предположения. Сдобиването с истината следва в близко време за днешната цивилизация на Земята. Това много ще промени мисленето ви.

(из гл. „*Страната на чудесата*")

Но „чудесата" могат да бъдат и ужасни като във филмите на ужасите или в древните митологии. Всичко зависи от свободната воля и кое начало ще вземе превес – доброто или злото. Напълно реална е възможността тази земна цивилизация да се самоунищожи, както е ставало и с други цивилизации в миналото, например Атлантида. Съвременният окултизъм,. включително и Антропософията на Р. Щайнер, често говори за „Войната на всички против всички", която ще доведе гибелта на нашата цивилизация поради развихрянето на егоизма и агресията във всички сфери на обществения живот. Това е епохата на „хладните" от *Лаодикия*, според тълкуванието на *7-те Църкви от* книгата „*Откровение*". И че тъкмо предшестващата я епоха на църквата *Филаделфия* е същинската Златна епоха на Прехода (в числото 6), когато ще се разгърне Културата на Любовта и голям брой човешки души ще постигнат Възнесение по примера на Христа.

Впрочем Възнесението е познато още от древността и винаги, във всяка епоха и човешко поколение, е имало съвършени хора, които са го постигали и преминавали отвъд, без да се разделят с тялото си чрез така наречената физическа смърт. От Библията са известни примерите с Енох и Илия, двамата Божи избраници, но също такъв безсмъртен човек е бил Мел-хиседек, „царят на правда", комуто Авраам принася своите дарове и „десятъка" за Космическото благословение... В кла-сическата литература също има описани случаи на Възнесе-ние, като дори трагично известният Едип цар, героят на Со-фокъл, минава накрая през нетление, постигайки този удиви-телен духовен феномен. И в знаменитата староиндийска пое-ма *Бхагавад Гита* великият Кришна олицетворява това съ-вършенство и безсмъртие и духовно могъщество, присъщо на *Космическия Човек*, наречен в по-ново време **Свръхчовек** (според крилатата фраза на Ницше).

Тук идваме до същинската Еволюция, *Духовната*, и правилното осмисляне и разбиране на понятията Възкресение, Преображение, Нирвана, Новораждане, Възнесение и пр. от този род, които са степени на одухотворяване и израстване на Космическия Човек, удостоен по начало с вечен живот и тържествуващ всякога над смъртта. Оказва се, че идеализираното от Църквата *Възкресение* и религиозният догмат за *Второто Пришествие* съвсем не са крайната и най-висша цел на земния човек, а че самото Възкресение е една преходна степен за ония човешки души, потънали най-дълбоко в материята и минаващи неизбежно през физическа смърт. Жертвата на Христос на Голгота е била доброволна, въпреки насилствения сценарий, и чрез нея е било прекъснато слизането на душите в гъстата материя, като самата кръв на Праведника е извършила алхимическа трансформация и пробив в Ноосферата и преображение на цялата Земна планета.

И думите на Христа към учениците на знаменитата Тайна вечеря – *В дома на Отца Ми има много обиталища; отивам да ви приготвя място* (Йоан **14**,2) – се отнасят тъкмо за Петото измерение като един съвършено Нов свят в сферата на Земята, наречен от Посветените *Новата Шамбала*, която непрекъснато се разраства, подобно семенцето на дъба, според притчата за Божието Царство.

И това е също *Жената, облечена със Слънцето* (Откр. **12**, 1), която олицетворява този Нов свят в един по-напреднал стадий на Еволюцията, и за която апостол Павел говореше като за „горния Йерусалим“ и „свободната Жена“ (Гал. **4**, 22-27).

Възходът на Славянството сега, призвано да изяви Културата на *Филаделфия*, е под знака на тази *Жена* и **женствеността** е основен почерк на Културната революция в смисъла на одухотворяване на Социума и възтържествуване на Любовта във всички сфери на обществения живот. Неслучайно и Преходът към Демокрация на Източноевропейските страни стана известен като *Нежна революция* и онзи „Вятър на промяната“, задухал от Изток, съвсем не е от рода на „Тайфуните с нежни имена“ à la Богомил Райнов (който впрочем се разиграва сега в Арабския свят под кодовото име „Арабска пролет“).

Но тъкмо СЕГА ние имаме могъщия *Изгрев* на Есенното равноденствие (в духа на архангел Михаил) и посланията на „небесните жители“ от Сириус са истинската духовна храна за пробудените и „новите богомили“ от всички краища по света. Ето как звучи на български едно от тия Послания, предадени от Багрина Кларк:

НОВИЯТ СВЯТ

Сегашното човечество се мъчи както жена, която ражда. Ще се роди Новото в света! Новото – това е човещината, това е братството в света, което сега иде. То ще се наложи по закона на Любовта, насила няма да стане. Ще проникне една Светлина в хората, те ще кажат: „Да си подадем ръка, братски да живеем!"[1]

Световете никога не са статични. Динамиката е постоянно състояние на Мирозданието. Развитието е заложено от Твореца като основен принцип. Ако този принцип по някаква причина бъде нарушен в някой свят, този свят загива. Застоят е гибелен за живота. Обновлението е постоянен процес както в човека, така и в Природата. Спиралата, по която се движи еволюцията, осигурява възможности за промяна. Обикновено тя е постъпателна. Много рядко се случват резки промени – по-скоро те изглеждат резки, но всъщност процесите, които са ги предизвикали, дълго време са били невидими.

Стремежът към нов свят винаги е съществувал – по-добър, по-справедлив, по-мирен, по-равноправен, с повече знания, култура, морал, свобода и облекчен труд. Равноправието е било мечта на потиснатите слоеве от всички общества. Добре знаете, че то и днес не е постигнато. Идеалното общество винаги е било и сега е утопия. Обществото се състои от индивиди и какво ще бъде то, зависи от всеки един човек. Не е възможно хората да са с еднаква степен на еволюция, с еднакви интереси, култура, възпитание, идеи и характери. Не е възможно да се получи нивелиран свят. Уникалността на всяка личност е ценен дар за обществото и трябва да бъде уважавана.

---

[1] Дънов Петър, *Когато роди дете* – НБ 1940/41 – Стара Загора,1998

Различни са аспектите, които допринасят за обновяването на света. Всяка епоха е различна от предишната като социален строй, нови идеи, нови технологии, знание и култура. Случвало се да има напредък в определен житейски аспект, но същевременно и упадък в друг. Придвижването на цивилизациите като цяло към нещо ново и по-добро е трудно, сложно и противоречиво. Винаги е имало човешки прослойки с по-висока еволюция, със знания и осъзната мисия. Те са двигателите на обществото към новото и по-доброто. Те са носителите на авангардните идеи, които променят обществото и го дърпат нагоре по спиралата. Да бъдеш авангард на обществото е изключително отговорна работа.

Какво се случва сега? Земният свят е на прага на огромна промяна. Енергиите са нови, вибрациите са учестени. И кой е авангардът? Отговорът е ясен – Сътворителите на Новия свят. Какво би значило това, ако сте разбрали, че сте от тях?

Свети, служи и обичай! Това ви казахме в предишната книга (*Новото битие; Живот в сърцето*). За да бъдете Сътворители на Новото време, това са трите основни неща, които трябва вече да сте култивирали. За да светиш, бъди добронамерен към всеки, облъчвай света около теб и цялата Планета със Светлина; не допускай негативни мисли, чувства и действия; радвай се всяка сутрин на Слънцето и на всичко прекрасно в деня си. Прекрасните неща са много. Научи се да ги забелязваш. Усмихвай се и благодари още щом се събудиш. Зареждай мислено клетките си със Светлина и се виж как светиш. Свети през целия ден чрез вежливост, съпричастие, услужливост и усмивка. Имай вяра в настъпването на Новото време. Не се съмнявай нито за миг в Добрия Божествен план. Вярата в настъпването на Новия свят е могъщ двигател. Всеки човек, който има такава вяра е в редиците на Сътворителите на Новия свят. Ако чувстваш, че си призван да бъдеш Сътворител на Новия свят, *Свети* и *Служи* безотказно. Поддържай добрите каузи; общувай с хора на напредъка; работи за умножаването на истински духовни общности; избягвай конфронтацията и агресията. Умиротворявай света около себе си; изпращай добри чувства към размирните райони. Употребявай знанията си в помощ на другите. Не забравяй, че си Божи пратеник и Сътворител на Новото време. Подкрепяй напредъка във всички области на живота.

Не ти трябват лозунги и призиви – единствено добронамереността върши работа. Прави онова, в което си вещ и знаещ. В служенето не търси материална изгода – изгодата ти е в друго измерение – тя е в сферата на Духа.

Обичай, обичай, обичай! Обичай себе си и ближния си, страната си и Планетата си. Обичай живота и постоянно го изпълвай с Любов. Знаеш, че тя е живата енергия, която поддържа живота. Тя е въплътена в Идеите на Твореца и ражда Новия свят. Покани Новия свят, чрез безусловната си Любов. Забрави, че нещо във Вселената може да бъде мразено и хулено. Създавай Новия свят, като пресътворяваш лошото в Добро, като трансформираш отрицателните енергии в положителни. Вярвай във възможността да бъде сътворен Нов свят, свободен от омраза, алчност, егоизъм, бедност, отчаяние и агресия.

Визуализирай картини какъв да бъде Новият свят – Планетата е освободена от замърсители; няма пустеещи земи; възстановено е екологичното равновесие и човечеството се храни с чиста, растителна храна; то вече не враждува и не боледува; все повече хора светят и са с отворени духовни сетива. В Новото време постоянно се усеща живата енергия на Любовта и тя се излъчва от цялото човечество. То сътворява благодат и е в петото измерение, заедно с обновената Земя.

Могъществото на новите енергии, на Бога и Богинята, присъстват отчетливо и ти, Сътворителят на Новия свят, можеш да го сътворяваш чрез тях.

(из „ПЛАНЕТА НА БЛАГОДАТ – ТИ СИ СЪТВОРИТЕЛЯТ")

И тъй, ние имаме едно СЕГА на духовно пробудените хора и едно „днес" на интелектуалците-болшевики, и това е **Време Разделно** в настоящето и в обозримото бъдеще, което ще извърши голямата Селекция и „пресяване на плявата от зърното", като се изпълни Божият Промисъл за Земята, според думите на Христос от Тайната вечеря, че „Князът на този свят ще бъде изхвърлен вън". ПРЕОБРАЖЕНИЕТО е в ход, ние живеем в тъй нареченото „усилно време" или „последно време" на тази цивилизация, олицетворена чрез *Седемте Църкви* (от *Откровението*). Това са Седем епохи, преливащи една в друга, и то тъй, че първите Три (Античността) се възраждат по Закона на Прераждането в последните Три (Новото време), като по средата остава Средновековието, известно като Епоха на застоя и религиозното втвърдяване. Материализмът е присъщ на Религиозното съзнание от средновековен тип, което роди Болшевизма на Новото време, и „*Новото Средновековие*" на Бердяев е всъщност пророчеството за *Великия Вавилон* като продължение на Нощта за човечеството, оставащо в Третото измерение.

Каква е тук ролята на Астрологията и как тече времето в Земните сфери, отново е от компетенцията на Посветените, имащи поглед за световете до Петото измерение. Ала Културните епохи (на Църквите) не съвпадат с Астрологическите епохи (както твърдят някои окултисти, между които и антропософите), а се наблюдава едно ускорение на Земното време като цяло, което променя хода и на Космическото време. С други думи, Космосът се вслушва осторожно в това, което се случва на Земята, и Земните събития задават вече тона на Звездните констелации, тъй че много от древните астрологически предсказания не се сбъдват и изчисленията по разните астрологически Календари (като напр. този на Маите) остават невалидни.

Особено се ускорява времето, обозначено от последните три Култури, или в триадата *Сардис-Филаделфия-Лаодикия*, известна още като **Новото време** на Прогреса.

Ето защо и Културната революция търпи съвършено нови исторически схващания и обрати на Мисълта, непознати за интелектуалците от болшевишки тип, които доскоро възприемаха „Културната революция" единствено по китайски (комунистически) образец. Така и *Българската Идея* за Прехода биде подменена от така наречения „Възродителен процес", на който станаха заложници политиците от цяло едно Болшевишко поколение.

Уви, тяхната енергия прелива вече от пусто в празно, и никой свестен и разумен човек не се вслушва повече в политическото говорене (парламентарния синдром). И прословутото „Времето е наше" звучи съвсем фалшиво и ретроградно дори за средноинтелигентните хора днес.

А все пак Плавният преход има и определена политическа цена, която се нарича Покаяние и „очовечаване на институциите" и „опрощаване на дълговете" чрез революция в Банковото дело. Тепърва ще се учредяват Фондове за подпомагане и безлихвени заеми и поощряване на екологичните дейности и производства.

29 септември 2013 г.

ОТ ЕГОТО КЪМ СЕБЕТО
ИСТИНСКАТА ЗАДАЧА НА ВРЕМЕТО

„Времето е в нас и ние сме във времето" – този лозунг шестваше по времето на Комунизма и бе крилата фраза на интелектуалците-болшевики, закърмени с догмата на Соцреализма и възпитани в духа на Материалистическата наука. Счита се впрочем, че това е сентенция, изречена за пръв път от гения на Българското Възраждане Васил Левски.

Демократичният преход от най-ново време роди друг един лозунг-мантра – „Времето е наше" – отъждествяван с тъй наречената *Синя идея* и мъглявото верую на Глобализма. Оказа се, че това е една идеология на крайния индивидуализъм и егоизъм, претендираща да бъде венец на Културата и последен политически строй на тази цивилизация. Същата претенция имаше и Болшевизмът на XX-я век (включая и Нацизма), докарал най-големите злини и социални бедствия за човечеството.

Сега ние живеем в един свят с изключително размити граници и в една крайно неустановена, лабилна политическа система, изправена пред разпад и социален хаос поради безумието и авантюризма на управляващите върхушки. Чрез високите технологии и финансовите манипулации тези военолюбиви елити и върхушки, наречени още *олигарси*, успяха да постигнат почти неограничена власт и да наложат един „нов световен ред", който всъщност е старата песен на нов глас и представлява рецидив на отминали Земни раси и Култури, неодухотворени от Християнството, и провеждащи неоколониализъм в гигантски, Космически мащаби.

Това е външното положение на нещата или състоянието на индустриалния стандарт на живота, което може да се нарече още патологично, според изпитаната рецепта, че „битието определя съзнанието"... Ала има и друг свят вътре в този свят, който условно наричаме Култура и отъждествяваме с понятието *Духовност* или *духовен живот*, свързан с по-дълбоките пластове на съзнанието и Личността.

Тъкмо **Човешката личност** е средоточието на всички вселенски сили и енергии, и затова е наречена *монада* или *микрокосмос* като едно специфично и своеобразно състояние на Душата, или проявление на вътрешния Човек, който е безсмъртен и носи по начало всички заложби на ***вечния живот*** като качества на Светлината и сили на Съзиданието.

В религията този Човек е познат като *Адам* или „образ Божи", а в окултизма и езотериката е известен като *Антропос* или Космическия Човек, дал облика на това Сътворение и задаващ тона на Мировата еволюция, т.е. цялостното развитие и усъвършенстване на световете, Галактиките и Вселените.

И древното поверие, че „боговете някога са били хора", стои в основата и на съвременната Духовна наука (Антропософията), която е същинското учение за Космическия Човек и откровение за Човешката личност – за нейния грандиозен път във Времето, раздвояващ се между Инволюция и Еволюция...

„Познай себе си!" е заветът на *Златния век*, на приказната Античност, чийто наследник е Европейското човечество.

Себето е не просто Душата-пътешественик и Космически скитник, То е сплотяващият Дух, наречен още Висш Аз, който е носител на Съзнанието и на Свободната воля – най-голямата ценност на Битието.

Самото физическо тяло, което се ражда и умира по законите на материалната природа, е временният дом на Аза, неговият инструмент за овладяване на енергии, а инак Той притежава още няколко по-фини тела, изтъкани от Светлина, които са обвивките или дрехата на Душата, пребиваваща в по-висшите сфери на Битието. Така *Себето* е управителят на цялостния човек във Времето – във всеки един момент от сложното съществуване на Душата-личност.

Любовта, *Мъдростта* и *Истината* са всъщност степени на Съзнание при постигане на все по-съвършени качества и състояния на Светлината. Това са цели светове и Галактики, населени с многообразни същества и природни форми. И преминавайки през тях, Себето усвоява определени сили и енергии, чрез които поддържа своя Космичен статус или тъй наречената от философите *екзистенция* (самобитие).

Гениалността е ръст на Себето, на Космичния човек, който постоянно твори и преизгражда Битието. Тя не се измерва в пари, нито може да бъде подчинена на някакви закони и догми, господстващи в материалните светове. Самата идея за Свободата е неразривно свързана с гениалността – с творческата способност и даровитост на човека.

Земята е планета на Свободата и на величието на *Себето*, на Човека-дух, наречен от древните индуси *Атман*. Тя е дом на Космичното човечество от самото начало на сътворяването ѝ загатнато в книгата „Битие“. Тези Земни първосъздатели са *Елохимите*, наречени още Власти или Духове на формата, които всъщност олицетворяват библейския Бог и са господарите на Слънчевата ни система, осъществявайки управлението от Слънцето и Луната... За тяхното могъщество и чудодейни проявления има изписани множество книги, апокрифи, свещени предания и легенди. Библейските са само една малка част от информацията, събрана в Акашовата хроника, наречена още *Книгата на живота* (в *Откровението*).

И този Културен бум сега във връзка с Интернет-информацията е също едно частично проявление на Акаша в нашия свят, както и създаването на тъй наречената мрежа Старгейт

(Звездна врата). Но тази информация е статична и сама по себе си представлява мъртва субстанция (в плътния етер) на нашия триизмерен свят. От самия човек зависи дали тя ще бъде оживена и превърната в Познание, в творчески дух. Инак натрупването на информация в мозъка и усвояването й като самоцел няма никакъв полезен ефект, а остава като баласт в съзнанието и произвежда ред негативни реакции.

Познанието е нещо съвършено различно от Информацията като състояние на Духа. То отключва по-финните сетива и центрове на Душата и прави Съзнанието (Себето) истински мобилно. Затова е казано: *Ще познаете истината, и истината ще ви направи свободни...* А Истината е сфера на Първичното Битие и, бидейки най-висшето състояние на Светлината, олицетворява съвършенството и вечния живот и самия БОГ. Истината е самото *Божие Царство*, в което пребивават издигнатите Души, завършилите своята еволюция Личности. Малцина Земни хора досега са имали честта да влязат в това Царство през вратите на Измеренията и един от тях е Исус Христос, извършил най-големия *еволюционен скок*, известен още като *Мистерията на Голгота...*

Сега често се говори за *Духовността* на нашето време, Новото време, и как Културата става база и изходна точка на Възраждането – основа на цивилизационната и планетарната Еволюция като цяло. Това обаче е един динамичен процес на Прехода, състоящ се от множество индивидуални скокове по примера на Христа. Затова и личните съдби на хората стават все по-драматични и романтични в пътя на Духовното израстване и осъществяването на Свободата.

И тази Духовност все повече се разминава и влиза в противоречие с религията, с институциите, с индустриалната парадигма на цивилизацията. Истински духовните хора извършват всъщност скока от Егото към Себето и това е самата магия на Любовта – същинския *философски камък...*

Известно е, че Западната култура, изградила индустриал-ния Колос на тази цивилизация, е всъщност Култура на Егото, на крайния индивидуализъм и егоизъм (себичност) – според мерките и критериите за свобода в този свят, света на гъстата материя. И тази „свобода" неминуемо взема отрицателен знак и приема антагонистичен облик, с разпалването на раздори и войни, и утвърждаване на насилието и робството в най-раз-лични форми. Което в крайна сметка води до анархия, хаос и всеобща разруха... Всички войни, водени на Земята от хиля-долетия, са обслужвали всъщност човешкото Его, стремящо се да постигне материално благополучие и благоденствие, макар и за кратко време.

„След мен и потоп" – гласи известното заклинание на его-истите и индивидуалистите и крайните материалисти.

Следователно Егото е ограничено във Времето и обречено на все по-плътни метаморфози и битийни трансформации и пропадания в Бездната. С други думи То е инволюиращ дух-двойник на Душата, избиращ винаги отрицателните състоя-ния и от двете злини – по-голямата... В книгата „Открове-ние" са описани много такива двойници и техните трансфор-мации и метаморфози по пътя към Бездната, олицетворена от Геената или „огненото езеро". Също и крайните превъпль-щения на Егото в образа на „Звяра със седемте глави и десет-те рога" (виж Откр. 13 и 17 глави).

И цялата модерна Масова култура е пропита от този звер-ски дух на насилието, криминализма, зрелищността, като до-ри Спортът е заразен от зверския синдром и превратния култ на Свръхчовека (супермена).

Но съществува и светла героика и светъл образ на Свръх-човека (Богочовека), който откриваме в ежедневието – в най-делничните взаимоотношения и житейски ситуации, в самите драми и борби на оцеляването.

Доста е на денят злобата му – казва Христос..., а също и – *Възлюби врага си!...*

Тъкмо в проявите на благородство и великодушие и саможертва се извършва този подвиг на спонтанната Любов, извираща от сърцата и преливаща към всичко живо.

Да, това е проявата на Себето у всеки човек като най-първа реакция или израз на интуицията, тоест мигновеното проникновение и познание за нещата. Духът е всезнаещ и всепроникващ, та и хората, тръгнали в пътя на Любовта, имат неговото необятно покровителство и мъдри напътствия от най-вътрешните глъбини на Душата-личност. И самите творчески дарби и гениални качества човек разгръща от собствените си тела и удове, на които е господар от незапомнени времена и скиталчества през световете.

Това великодушие и благородство е същинската *Духовна етика* на нашето време (Културата на Егото), чието култивиране и разгръщане е акт на свободната воля и алхимия на Любовта. Затова тя е първата и последната Заповед на Християнството и вечно настоящата Задача пред земните хора.

Чрез нея човек побеждава мъките, нещастията, лишенията, несгодите в този свят и се издига в Царството на Свободата и Духовните светове – става истински Богочовек по примера на Христа...

И Р. Щайнер в своята „*Философия на свободата*“ изведе понятието *етичен индивидуализъм* като най-характерната културна черта и духовна добродетел на нашата епоха. И че това е плод на „моралните интуиции“, които човек проявява във всекидневието, във всеки един момент от сложното си житие-битие... А сложността идва от напредналия културен стадий на цивилизацията и радикализирането на кармическите връзки. Също и от глобалните Космически процеси, с преображения и одухотворяването на Земната планета и Слънчевата система като цяло.

В този смисъл и Егото, и Себето търпят бурно развитие и бележат огромно израстване – стават главни и основни фактори на Еволюционния скок при преливането на Културите и възхода на Цивилизацията (Прогреса). Неслучайно този сложен процес носи името **Възраждане**, станало културен императив и символ-верую на народите и лична драма на Европейския човек, осъществяващ Християнския идеал и Идеята за „12-те Израилеви племена".

А още Богомилите извършиха този *скок* и тази *културна революция* на Възраждането, поставяйки началото на тъй наречения Духовен Ренесанс. Те именно бяха Трубадурите на Европейската култура и великите знаменосци на Прехода (героите на Филаделфия), за да берем днес урожая на Духовната реколта от самата сърцевина на Културата. И онзи прословут „дуализъм", вменяван на Богомилите от историците, е всъщност вечната Борба между Егото и Себето, разиграваща се в душите на хората, която е и борбата за преодоляване на самото Време и излизане от омагьосания кръг на Прераждането.

Така и днес ние уповаваме на Божественото си начало и призвание като хора, и се борим неуморно за повече Красота, Радост, Щастие и Светлина срещу грозната проза на живота, провокирана всячески от Егото.

Изразът „като хората" звучи много поетически на български и той е нещо като духовна мантра на идеята за Цялото и превъзмогването на прословутия български индивидуализъм, утвърждаван от интелектуалците.

Виждаме бума на Масовата култура и как пред очите ни шества зрелището на Егото, поощрявано всячески от системата на финансите – от щедрите спонсори и меценати на кича, пошлостта, насилието и агресията във всичките им форми и разновидности. Това е старото русло на Културата и съзнанието, макар и облечено в нови пищни дрехи и модни аксесоари на разточителството... И от друга страна са духовно пробудените хора и личности, с по-скромен и умерен начин на живот, които непрестанно облагородяват, със самото си присъствие, делничния живот и внасят мекота и спокойствие от изворите на Себето (духовната благодат).

Неслучайно думата *самообладание* е придобила у нас такава широка гражданственост и в книжовната лексика, и в разговорната реч, за да изрази по-пълно и по-дълбоко онова състояние на Себето, наречено „етичен индивидуализъм" в западните езици.

Самообладанието е истинското самочувствие и себевладеене на просветления човек при решаването на сложните житейски задачи и културно-социални уравнения. Да запазваш самообладание на вълните на житейското море и сред океана на връхлитащата отвсякъде информация, означава да си буден духовно и във всеки един момент да „отсяваш плявата от зърното", сиреч висшето изкуство на разумността и разшире-ното съзнание. Тъкмо спокойствието, присъщо на самообла-данието, е необходимото условие (екзистенц-минимум) за култивиране на Себесъзнанието, наречено още Свръхсъзна-ние или Космично съзнание. Спокойствието като умиротво-рение на Душата и врата на ума, литнал на крилете на Духа...

Антипод на самообладанието е *хладнокръвието*, когато връх взема Егото и тласка човека в материалната пропаст, в бездната на злото и насилието. Хладнокръвни са закоравелите злодеи, изпечените престъпници, гангстерите и бандитите, които бълва съвременната киноиндустрия. Но хладнокръвни са и големите политически лидери, пълководците и военачалниците, а също и учените от Мефистофелски тип.

Много от днешните интелектуалци, крепители на статуквото и системата, са хладнокръвни в класическия и библейски смисъл, и представляват еталона за преуспяващия модерен човек (Хомолуденс). Ала това хладнокръвие носи всички белези на патологията, злокачествената, макар и често прикривана зад артистични маски, пози, етикети; накичена с външен блясък и помпозност...

И от друга страна е *простотата*, съвършената естественост и непринуденост на хората, оставащи верни на себе си и излъчващи винаги своята оригиналност, неповторимост. Защото истинското самообладание е дарът на Душата от дълбините на Духа, когато човек съумява да победи себе си и обуздае низшите страсти и нагони на Егото.

Съответно различаваме два коренно противоположни и преплитащи се пътя на Личността в най-широкия психологически смисъл на думата – пътя на Гордостта и пътя на Смирението... Понеже Гордостта е храната на Егото от незапомнени времена, а Молитвата е храната на Себето, усвояващо енергиите на вечния живот... И тъкмо на Земята се извършва тази МИСТЕРИЯ и сблъсък на световете в личните драми и съдби на земните хора.

В нашата Християнска ера (епохите на Църквите) това взема облика на революционност и религиозен дуализъм (еретичност), който става *Дух на времето* и придава основните черти на Културата и характера на целия обществен живот. Такива герои в класическия средновековен смисъл и библейски дух бяха именно Богомилите, за които се носят предания и легенди, а епиците и романистите описват в своите художествени произведения. И особено през епохата на Сардис (от XV век насам) тази героика процъфтя в романтиката и е подчертано романтична, белязана от големите превратности на Егото и андрогинни мистерии (полови преображения) – които срещаме в класическите шедьоври от Новалис, Гьоте и Балзак до Юго, Толстой и Достоевски... Които се разиграват и СЕГА на всяка крачка в нашата културна и социална действителност, пресъздавана най-вече от поетите – съвременните трубадури и рицари на Светия Дух...

Защото в Егото е заключен полът като стихия на плътта, а в Себето се разгръща Любовта като романтично тайнство (андрогинията), тоест пълното сливане на полярностите и единението на „сродни души" – и това е същинското Преображение и Възраждане на земните хора, избрали Духовния път (към съвършенство) и истинската Църква на Любовта.

Романтично е нашето време в най-висшия смисъл на думата и *романтиката* е знакът на Егото като откровение на Кармата и превъзмогване на Прераждането.

Това ще рече, че все повече нещата се случват в СЕГА и животът става чудесен, непредсказуем, приказен в най-положителния смисъл и борбата за превъзмогване на Егото и всички отрицателни състояния на сексуална основа, е Борба за победа над самото Време и излизане от световете на гъстата материя. Истинската Любов и идеята за „вечния брак" се осъществява в по-високите Измерения и Райски светове, към които се приобщава Земята като *Царство Божие*.

Така Богомилството се възражда в наши дни, в лоното на индустриалната цивилизация, като една действителна **Църква на Любовта** – според пророчеството и на Катарите във Франция, което става известно сега. Ето как звучи то на български днес:

ПРОРОЧЕСТВО НА КАТАРИТЕ ОТ 1244 година

Последните катари били убити от инквизицията във Франция в 1244 година.
Но те оставили следното пророчество: че в 1986 г. ще бъде провъзгласена Църквата на любовта.

Тя няма да има структури или сграда, а е само разбиране. Тя няма членство, освен тези, които знаят, че й принадлежат. В нея няма съперничество, защото не е състезателна. Тя няма амбиции и желае само да служи. Не познава граници, защото при национализма има безлюбие. Тя не изтъква себе си, защото търси да обогати всички групи и религии. Тя признава всички велики Учители от всички епохи, които са показали Истината на Любовта. Тези, които участват в нея, практикуват Истината на Любовта. Националността и начинът на живот не са прегради. Тези, които са, знаят. Тя не се стреми да проповядва, нито да учи, но да бъде и по този начин обогатява. Тя разбира, че нашият път може да бъде и път на хората около нас, защото всички сме този път. Тя осъзнава цялата планета като едно същество, от което всички сме част. Тя разбира, че е дошло времето за върховно преображение, крайния алхимичен акт на една съзнателна промяна на егото в доброволно завръщане към Цялото. Тя не се провъзгласява на висок глас, но в недоловимите сфери на любовта. Тя поздравява всички, които в миналото са осветили пътя, но са платили и цената. Тя не признава никаква йерархия или структура, защото никой не е по-голям от другите. Членовете й се познават единствено по своите дела, по очите и по никакъв друг външен знак, освен братската прегръдка. Всеки от тях посвещава своя живот на безсловесна, мълчалива любов към своя ближен, околната среда и планетата, докато изпълнява своите задачи, независимо дали те са възвишени или скромни. Тя познава върховната и велика идея, която може да бъде осъществена само ако човешката раса практикува върховенството на Любовта. Тя не предлага награда нито тук, нито отвъд, освен неизказаната радост да съществуваш и да обичаш. Всеки неин член се стреми да издига каузата на разбирателството, като върши тайно добро и проповядва само чрез пример. Те ще изцеляват своя ближен, своето общество и нашата планета. Те не ще познават страх, не ще чувстват срам и свидетелството им ще бъде над всички несъгласия и вражди. Тя няма тайна, мистерии, посвещения, освен истинското разбиране на силата на Любовта, и ако искаме да бъде така, светът ще се промени, но само ако първо променим себе си.

(Извлечение - 38)

Ето, значи, една истинска *задача на Времето* и историята, която решава Европейското човечество като Културен ребус на цивилизацията, наречен още *Време Разделно* и пряко свързан с посланията за 7-те Църкви (от *Откровението*).

Как едно събитие от такъв характер, като аутодафето на инквизицията, може да се пренесе във времето, в една следваща епоха, и да се преобрази на Културната сцена в нещо коренно различно и вдъхновяващо? Да стане цяла нова Църква на Любовта... Това е съвсем в духа на Голготската мистерия и представя великата драма на Средновековието, когато духовните борби са се водили на живот и смърт, и са решавали съдбата на тази цивилизация (Следатлантската).

71

Напомня впрочем и за българската пророчица Ванга, която изумявала учените и експертите със своите предсказания и дарбата да вижда събития с точност до дати и часове.

Новата епоха, в която навлизаме по силата на Духовната и Космическа еволюция, е всъщност Епоха на чудесата и безграничните възможности на Човека. В нея няма да има нужда от пророчества и окултни откровения, защото достатъчно голям брой хора ще са развили духовните си заложби и ще проявяват дарбите си, творейки и пресътворявайки като богове.

Идва Златната епоха на Любовта – тържеството на Себето над Егото, когато все повече хора ще стават гении и изявяват творческото могъщество на Духа. Идва Раят на Земята, създаван от самите хора и от жертвите на безчет поколения в лоното на Прераждането. Когато приказките ще стават реалност и мечтите – царство на идеите, ежедневие на Човешката свобода... Наистина, Себето е Богът в човека и не е нужно да се палят свещи и кади тамян в името на някакъв измислен от Егото „Бог“, който уж обитавал в ръкотворните храмове...

Но тъкмо Преходът, наречен още *Време Разделно*, ще покаже величието на Богочовека и Човекобога, и ще премахне всякакви йерархии и изкуствени разделения по пътя на Преображението и Възраждането и Възнесението.

Казано е, че наближава времето на великата Жътва и плявата ще бъде отстранена от зърното, тоест хората на застоя и деградацията от хората на свободата и творчеството. И сам Христос казва, че след Него ще дойдат хора, които ще вършат по-големи чудеса и от Неговите (на който цитат се позовава-ше и презвитер Козма в прословутата си „*Беседа против бо-гомилите*“).

Ние вече живеем в това Време и Богомилите отново са между нас и в нас самите, доколкото съумяваме да бъдем себе си и творим добро.

Дерзайте, Аз победих света! – отеква все по-дръзко и свободно от дълбините на Себето. За да се увенчае духовната мантра на Прехода:

ПЛАНЕТА НА БЛАГОДАТ – ТИ СИ СЪТВОРИТЕЛЯТ!

9 октомври 2013 година

СЪДЪРЖАНИЕ

www.ingramcontent.com/pod-product-compliance
Lightning Source LLC
Chambersburg PA
CBHW062105280526
45788CB00003B/1347